Ann Engel-Truber

Basteln
mit Kleinkindern

Lustige Ideen einfach umgesetzt

www.knaur-kreativ.de

Inhalt

Vorwort
3   Liebe kleine (und große) Leute

Bastelmaterial
4   Das brauchst du
6   Werkzeuge
7   Vorbereitung

Spiel und Musik
8   Ich fahre Bus
10 Rocky, die Rakete
11 Zeigt her eure Hände!
12 Kuck, Kuck, Korki!
13 Bechermaus
14 Lustige Krone
15 Ping-Kiste
16 Klapper-Löffel

Frühjahr
18 Tschüss, Winter!
20 Ach du meine Güte!
21 Daisy, die zwinkernde Blume
22 Alle meine Schafe
24 Schnecki
25 Zwergblume

Ostern
26 Henne Henriette
27 Topfi, der Hase
28 Hanno Hahn

Sommer
30 Meine Blume
32 Am Meer
33 Ahoi, Ahoi!
34 Ozean-Mobile

Herbst
36 Bunter Drache
38 Herbi, die Maus
39 Blattmännchen
40 Herbst-Stange
41 Ilse Igel
42 Fred Scheibe
43 Mini-Laterne

Winter
44 Knolle, der Schneemann
46 Paul Pinguin
48 Sonne, Mond und Sterne
50 Schneeflocke

Weihnachten
52 Adventsgesteck
54 Weihnachtslicht
55 Funkelstern
56 Vorlagen
64 Impressum

Liebe kleine (und große) Leute,

mit diesem Buch möchte ich bei euch (und euren Eltern oder Erziehern) die Freude am Basteln wecken – mit verschiedenen Materialien und vielen schönen und dabei ganz einfachen Motiven. Ihr sollt eurer Kreativität und Experimentierfreude einfach freien Lauf lassen können und verschiedene Sachen ausprobieren, und zwar so lang und viel wie ihr möchtet. Dazu tragen schnelle Erfolge ohne lange Trocken- und Wartezeiten bei – denn wer wartet schon gerne?

Pro Bastelarbeit braucht ihr etwa 10–20 Minuten (ohne Vorbereitungszeit), je nach eurer Lust und Bastellaune. Schließlich sollt ihr ja nicht die Geduld verlieren, sondern es soll euch vor allem Spaß machen! Und basteln könnt ihr überall, denn die Ideen in diesem Buch eignen sich für zu Hause, für Spielgruppen, aber auch für Kindergeburtstage oder einfach nur zu zweit. Ich wünsche euch viel Spaß dabei!

Eure

Bastelmaterial

Das brauchst du

Für die Bastelideen in diesem Buch brauchst du verschiedene Materialien, die du hier kurz vorgestellt bekommst. Manches wirst du neu kaufen müssen, aber es gibt in diesem Buch auch Bastelutensilien, die bestimmt bei dir zu Hause vorhanden sind.

Bastelmaterial

Blumenstab
Blumenstäbe gibt es in Natur oder in Grün, meist haben sie eine Länge von etwa 50 cm. Du findest sie in der Gartenabteilung von Baumärkten.

Filz
Filz gibt es vielen bunten Farben und er lässt sich auch mit Filzstiften bemalen. Du kannst Filz ganz leicht schneiden und dann ankleben oder annähen.

Fingerfarbe
Diese Farbe trägst du, wie der Name schon sagt, tatsächlich mit den Fingern auf (oder mit Schwamm oder Pinsel). Es gibt Fingerfarbe in den verschiedensten Farbtönen und ganz sicher gibt es auch deine Lieblingsfarbe. Was auch sehr praktisch ist: Fingerfarben lassen sich ohne Probleme abwaschen – du kannst also wild drauflos klecksen!

Fotokarton
Fotokarton ist schön stabil (doppelt so stark wie Tonpapier), und du kannst zwischen vielen verschiedenen Größen und Farben wählen.

Gips
Für die Motive in diesem Buch verwendest du ganz normalen Gips – keinen Elektrikergips, da dieser zu schnell trocknet und sich nicht modellieren lässt. Wenn dir das Weiß zu langweilig ist und du lieber bunten Gips benutzen möchtest, dann rühre einfach etwas Fingerfarbe deiner Lieblingsfarbe mit ein.

Holzfüße
Für lustige Figuren (z. B. Fred Scheibe) kannst du Holzfüße in unterschiedlichen Größen kaufen. In den Holzfüßen ist oben ein Loch, so dass du sie mit etwas Flüssigkleber an Pfeifenreinigern befestigen kannst.

Holzkugel
Im Bastelbedarf bekommst du Holzkugeln in verschiedenen Größen. Die Kugeln haben in der Mitte ein Loch, so dass du sie auffädeln kannst.

Islandmoos
Dieses Moos wird mit einem Spezialverfahren vorbehandelt und eingefärbt – so behält es lange seine natürliche Elastizität. Islandmoos eignet sich ideal zur Gestaltung von Wiesen. Du bekommst es in Läden für Bastel- oder Modelleisenbahnbedarf in vielen verschiedenen Farben.

Klebeband
Klebeband ist sehr praktisch, weil du ganz schnell Teile aneinander kleben oder deine Bastelmotive an Wand oder Fenster anbringen kannst. Mittlerweile gibt es auch schon Klebeband, das du mit den Fingern reißen kannst. Und da du ja noch keine Schere benutzen sollst, kannst du dir selbst die Stücke abreißen, die du brauchst.

Klebeband, doppelseitiges
Dieses Klebeband eignet sich super, um etwas ganz schnell zu fixieren und damit Trockenzeiten zu vermeiden. Dann dauert es nicht so lang, bis du weiterbasteln kannst!

Bastelmaterial

Klebstoffe
Zum Basteln mit Papier und Pappe eignet sich ein Klebestift besonders gut, weil er nach dem Trocknen nicht mehr zu sehen ist. Da er auswaschbar ist, ist es auch nicht schlimm, wenn du dich im Basteleifer mal selbst beklebst.
Flüssigkleber ist wasserfest und besonders zum Kleben von Teilen geeignet, die nicht aus Papier sind. Es gibt Kleber mit und ohne Lösungsmitteln, leider halten aber Dinge, die mit lösemittelfreiem Kleber gebastelt wurden, nicht so gut und oft wellt sich das damit geklebte Papier.

Kochlöffel
Kochlöffel sind super zu bemalen, da sie nicht lackiert sind. Du findest sie in fast jedem größeren Supermarkt, im Haushaltswarengeschäft oder in den Haushaltswarenabteilungen von Baumärkten.

Korken
Am besten eignen sich für kleine Hände Sektkorken, weil sie oben eine Rundung haben, an denen du sie besser greifen kannst.

Krepppapier
Krepppapier kannst du in Längsrichtung dehnen, ohne dass es zerreißt. Du kannst aus Krepppapier-Streifen sogar Schleifen binden oder es verknoten! Aber Vorsicht: Das Papier färbt ab, wenn es feucht wird.

Lampenschirmfolie
Diese Folie ist selbstklebend und schwer entflammbar und eignet sich deshalb besonders gut für St. Martins- oder Weihnachtslampen. Du bekommst sie in großen Bastelgeschäften oder in den Bastelabteilungen großer Baumärkte.

Moonrockpapier
Dieses Papier ist ein Naturpapier mit einer unebenen, faserigen Oberfläche. Du bekommst das Papier im Bastelgeschäft in vielen verschiedenen Farben.

Moosgummi
Moosgummi ist ein biegsames Material, das sich gut schneiden und kleben lässt. Du kannst es in verschiedenen Farben und Stärken kaufen.

Pappe
Pappe musst du nicht kaufen, denn es ist ganz normale Graupappe, wie du sie beispielsweise bei Umkartons und Verpackungen oder auf der Rückseite von Blöcken findest.

Pfeifenreiniger
Ein Pfeifenreiniger ist ganz weich, hat aber in der Mitte einen Draht, so dass du lustige Formen biegen kannst. Du bekommst Pfeifenreiniger in bunten Farben oder auch gestreift im Bastelgeschäft.

Plakatpapier
Plakatpapier ist ein sehr festes Papier, das es in verschiedenen Farben gibt. Es ist auf einer Seite farbig und auf der anderen weiß.

Pralinen-Papierförmchen
Die Förmchen sind in Supermärkten oder Haushaltswarengeschäften erhältlich. Oder du sammelst die gebrauchten Papierförmchen aus leer gefutterten Pralinenschachteln.

Sand
Entweder du nimmst ganz einfachen Sand aus dem Sandkasten oder Vogelsand. Wenn du es lieber bunt magst, dann besorge dir in einem Dekorations- oder Bastelgeschäft gefärbten Sand.

Schaschlikspieß
Schaschlikspieße aus Holz sind super zum Basteln. Du kannst daran kleinere Papierteile befestigen oder etwas auf dem Spieß auffädeln! Außerdem sind Schaschlikspieße gar nicht teuer und in fast jedem Supermarkt erhältlich.

Schaumstoffverpackung
Schaumstoffverpackungen findest du meistens bei neuen elektrischen Geräten oder als Geschirr-

schutzfolie. Falls ihr im Moment keine Schaumstoffverpackungen zu Hause habt, dann frag einfach mal in ein paar Geschäften nach!

Seidenpapier
Seidenpapier ist ganz dünnes Papier, das es ebenfalls in vielen Farben gibt. Es eignet sich besonders gut zum Basteln von witzigen Knollennasen.

Steckmoos
Es gibt zwei verschiedene Sorten Steckmoos. Eins ist für frisches Grün (wie beim Adventsgesteck), das andere ist für Trockengestecke (wie z. B. bei der Zwergblume). Kaufen kannst du das Moos in Baumärkten oder Blumenläden.

Styroporkugeln
Styropor ist ein sehr leichtes Material, das es in den verschiedensten Größen und Formen gibt.

Tonpapier
Es ist etwas stärker als normales Papier und in verschiedenen Größen und Farben erhältlich.

Transparentpapier
Transparentpapier gibt deinem Motiv einen leuchtenden Effekt und lässt das Licht durchscheinen. Entweder du kaufst dir Transparentpapier als Einzelbögen oder in Rollen, wenn du sehr viele oder sehr große Motive basteln willst.

Wattekugeln
Wattekugeln sind aus gepresster Watte. Es gibt sie in verschiedenen Größen und du kannst ihre Form verändern: entweder du drückst die Kugel mit der Hand flach, oder du lässt sie dir von einem Erwachsenen halbieren.

Wellpappe
Wellpappe ist auf einer Seite gerippt, so dass es aussieht, als würde das Papier ganz leichte Wellen schlagen. Auf der anderen Seite ist die Pappe glatt. Wellpappe kannst du in unterschiedlich farbigen Einzelbögen kaufen.

Ziergras
Ziergras bekommst du in kleinen Mengen am günstigsten im Blumenladen (vielleicht haben sie sogar Reste für dich). Du erhältst es aber auch in Bastelgeschäften oder im Dekorationsbedarf.

Werkzeuge

Bastelkleidung
Damit du nicht immer aufpassen musst, dass du deine Kleidung nicht schmutzig machst, solltest du Bastelkleidung tragen. In unserer Spielgruppe benutzen wir Polohemden, weil sie kurze Ärmel haben und nicht öfter umgeschlagen werden müssen. Da sie dicht gewebt sind, bieten sie einen guten Schutz für die Kleidung und du kannst zwischendurch auch mal deine Hände abwischen. Außerdem gibt es Polohemden in vielen bunten Farben.

Bleistift
Mit dem Bleistift überträgst du die Vorlagen oder zeichnest dir Hilfslinien an.

Locher
Ein Locher ist ein sehr nützliches Werkzeug zum Lochen von Papier oder anderem Material (z. B. Herbstlaub). Locher sollen aber nur von den Großen benutzt werden – aber vielleicht darfst du mal helfen! Übrigens ergibt der entstehende Papiermüll prima Konfetti!

Schere
Wenn du noch nicht in den Kindergarten gehst, sollten dich deine Eltern besser noch keine Schere benutzen lassen. Damit du möglichst viel allein machen kannst, gibt es deshalb in diesem Buch auch nur ein Motiv für einen Schneideversuch. Dafür nimmst du am besten eine abgerundete Schere – aber nur im Beisein und mit Hilfe eines Erwachsenen! Für die Erwachsenen gilt: Für die Vorbereitung der Bastelmotive eignet sich am besten eine gut geschliffene Schere mit einer

Klinge von 15 bis 20 cm, die nur für Papier und Karton benutzt wird.

Schnipselkiste
Wenn du oft bastelst, bleiben dir bestimmt auch oft Reste von Fotokarton, Transparentpapier oder Krepppapier übrig. Bewahre diese einfach in einem großen Karton auf – schließlich weißt du nie, wann du einen klitzekleinen Schnipsel gelbes, rotes oder schwarzes Papier brauchst.

Schüttelkiste
Als Schüttelkiste nimmst du am besten einen Schuhkarton (ohne Lüftungslöcher). Wofür du die Schüttelkiste brauchst? Ganz einfach: In der Schüttelkiste klebst du dein Bastelmotiv mit doppelseitigem Klebeband fest, träufelst etwas Flüssigkleber darauf und fügst z. B. Glitzerstreu hinzu. Dann machst du den Deckel zu und schüttelst ganz fest! Wenn du den Deckel wieder aufmachst, erlebst du eine Überraschung!

Schwamm
Lass dir von einem Erwachsenen grobporigen Schwamm in kleine Stücke von 2 x 4 cm schneiden. Wenn du damit Fingerfarbe auf dein Bastelmotiv auftupfst, bekommt dein Motiv eine ganz tolle Struktur (weil der Schwamm durch seine unterschiedlich großen Poren die Farbe nicht gleichmäßig aufnimmt!).

Tacker
Ein Tacker heftet Teile ganz schnell zusammen und ist deshalb sehr nützlich. Tacker gehören aber nur in die Hände von Erwachsenen!

Teller für Fingerfarbe
Ein ganz normaler Teller genügt. Lass dir von deiner Mutter einfach einen älteren Teller geben, den sie nicht mehr unbedingt braucht. Wenn du willst, kannst du auch Pappteller benutzen.
Mit Hilfe des Tellers kannst du mehr Farbe auftragen, weil du mit der ganzen Hand Farbe nehmen und wild drauflosmalen kannst!

Vorbereitung
Bei vielen Motiven muss einiges vorbereitet werden – das heißt, es wird geschnitten, gebohrt oder sogar gesägt. Diese Vorbereitung überlässt du den Großen, das heißt deinen Eltern oder Erziehern. Denn hier werden auch Werkzeuge benutzt, die für dich noch viel zu gefährlich sind.

So überträgst du die Vorlagen
Wenn du besonders gut malen kannst, dann kannst du dich natürlich nur am Foto orientieren und das Motiv selbst malen. Soll es aber schnell gehen oder du kannst nicht ganz so gut malen, dann kannst du die Vorlagen aus dem Buch ganz einfach übertragen.
Besorge dir Butterbrotpapier oder Backpapier und lege es auf die gewünschte Vorlage. Zeichne dann alle Linien mit einem Bleistift nach. Gestrichelte Linien solltest du auch strichlen, denn sie werden später meistens abgeknickt oder ausgeschnitten. Dann legst du das Transparentpapier umgedreht auf das jeweilige Bastelpapier und zeichnest die Konturen noch einmal nach. So wird die Bleistiftlinie auf dem Papier sichtbar.
Wenn du mit mehreren Kindern in der Gruppe bastelst oder das gleiche Motiv öfter basteln willst, kannst du dir auch eine praktische Musterschablone herstellen. Das ist ganz einfach und geht schnell: Du überträgst das jeweilige Motiv wie eben beschrieben auf eine feste Pappe und schneidest es aus. So entsteht eine feste Schablone, die du (und alle deine Freunde) auf das eigene Bastelpapier legen und mit einem Stift umfahren kannst.

Tipp
Wenn du mal Langeweile hast, dann lass dir einfach mal die Schnipselkiste und einen Klebestift geben. Deine Eltern werden staunen, was für ein kleiner Künstler in dir steckt!

Spiel und Musik

Ich fahre Bus

Wer möchte nicht mal selbst der Busfahrer sein und Fahrgäste befördern? Also schnell drauflos gebastelt und der kleine Bus fährt, wohin du möchtest. Tut, tut … alle einsteigen, Türen schließen und los geht die Fahrt!

Das brauchst du

- 1 Foto von dir selbst und 3 weitere Fotos (z. B. von deinen Geschwistern und Eltern) oder Katalogausschnitte, die etwas größer sind als die Busfenster
- Wellpappe
- 1 Pappstreifen, ca. 5 x 18 cm
- Fotokarton, festes Papier oder Pappe
- etwas Alufolie
- 2 Musterklammern
- Fingerfarbe in Rot (oder in deiner Lieblingsfarbe)
- Klebestift
- breites Klebeband
- kleinen groben Schwamm
- Schere

Vorlagen auf Seite 56

TIPP Am besten hältst du den Pappstreifen einmal probehalber hinter die Busfenster und machst bei jedem Fenster eine kleine Kritzelei auf den Pappstreifen. So weißt du nämlich genau, wo du die Fotos später hinkleben musst!

So wird's gemacht

Trage mit den Fingern oder mit dem Schwamm die Fingerfarbe auf den Bus auf. So viel du willst – ganz nach deinem Geschmack! Dann klebe die Fotos so auf den Pappstreifen, dass dein Bild ganz links ist. Den Streifen klebst du mit dem Klebe-

Vorbereitung

Übertrage zunächst die Vorlage für den Bus auf den Fotokarton und schneide sie aus. Dann schneidest du die Fenster aus, damit deine Fahrgäste später auch aus dem Fenster schauen können. Damit dein Bus auch »fahren« kann, braucht er Räder, die du nach der Vorlage auf die Wellpappe überträgst und ebenfalls ausschneidest. In die Mitte der Räder bohrst du mit der Schere jeweils ein kleines Loch und in den Bus selbst machst du – wo es eingezeichnet ist – zwei Löcher.

band so auf der Rückseite des Busses fest, dass du hinter dem Fenster des Fahrers zu sehen bist und die Menschen auf den drei Fotos als Fahrgäste durch die Fenster schauen. Das sieht doch schon toll aus, oder?
Jetzt schneidest du aus der Silberfolie die Windschutzscheibe und den Scheinwerfer aus und klebst beide auf. Nun musst du nur noch die Räder mit den Musterklammern am Bus befestigen – und los geht die Fahrt.

TiPP für Eltern und Erzieher
Wenn in der Gruppe gebastelt wird, kann man – als kleine Hausaufgabe – jedes Kind selbst Familienfotos oder Bilder aus Magazinen mitbringen lassen. Und dieser Bus eignet sich übrigens prima als Geschenk für Oma und Opa!

Rocky, die Rakete

Du willst endlich wissen, ob es den Mann im Mond wirklich gibt? Dann schau doch mal, wie weit die Rakete Rocky fliegen kann!

Das brauchst du

- leere Toilettenpapierrolle
- Zeitungspapierschnipsel
- kleines festes Papier
- etwas Alufolie
- 1 Luftschlange
- Klebestift
- doppelseitiges Klebeband

Vorlage auf Seite 56

Vorbereitung

Übertrage die Vorlage für die Raketenspitze auf das Papier und schneide sie aus. Beklebe die Raketenspitze mit Alufolie und klebe das doppelseitige Klebeband auf der Unterseite fest. Dann drehst du die Raketenspitze zusammen und klebst sie an der Überlappung mit etwas Kleber zusammen. Nun musst du noch den Raketenkorpus vorbereiten: dazu schneidest du die Toilettenpapierrolle auf der einen Seite viermal 1 cm tief ein.

So wird's gemacht

Beklebe die Toilettenpapierrolle mit Zeitungspapierschnipseln. Dann drückst du die eingeschnittenen Stellen so ein, dass eine Spitze entsteht. Jetzt kannst du die Alu-Raketenspitze aufkleben. Die Luftschlange wird an das Ende der Rakete geklebt und schon ist deine Rakete startbereit.

Spiel und Musik

Zeigt her eure Hände!

Hast du schon mal mit Fingerfarbe und mit Hilfe deiner Hand »gestempelt«? Nicht? Dann wird es aber Zeit!

Das brauchst du
- 1 Foto von dir
- Sperrholzplatte DIN A4
- Fingerfarbe
- Kordel zum Aufhängen
- Flüssigkleber oder doppelseitiges Klebeband
- Teller für Farbe
- evtl. Klarlack

Vorbereitung

Bohre 2 Löcher zum Aufhängen in die Sperrholzplatte.

So wird's gemacht

Gebe etwas Fingerfarbe auf den Teller und drücke dann deine Hände erst in die Farbe und dann mit ganz viel Druck auf die Sperrholzplatte. Jetzt hast du einen bunten Abdruck deiner Hände auf der Platte! Nun musst du die Farbe erst mal trocknen lassen. Dann befestigst du das Foto mit Kleber oder doppelseitigem Klebeband auf der Platte und machst die Kordel für die Aufhängung fest. Und schon hast du ein echtes Kunstwerk von dir selbst!

 **TIPP** Wenn du möchtest, kannst du das Bild nach dem Trocknen noch mit Klarlack besprühen oder bepinseln.

Spiel und Musik

Kuck, Kuck, Korki!

Willst du mit mir spielen? Wenn du mich nach unten ziehst, habe ich einen ganz kurzen Hals oder verstecke mich vor dir – aber wenn du mich nach oben schiebst, dann habe ich einen ganz laaangen Hals.

Das brauchst du

- leere Toilettenpapierrolle
- Korken
- Holzspieß (Schaschlikspieß)
- Wollreste
- Krepppapier in verschiedenen Farben
- Klebestift
- Flüssigkleber
- Tacker
- Schere
- Stifte
- Schale

Vorbereitung

Zunächst musst du mit der Schere ein kleines Loch in den Korken stechen und diesen dann mit Kleber auf den Holzspieß kleben. Tacker dann die Toilettenpapierrolle zweimal, so dass sie auf einer Seite zu ist und eine Spitze bildet. Dann schneidest du das Krepppapier klein und zuletzt auch die Wollreste (das werden Korkis Haare), die du in die Schale legst.

So wird's gemacht

Beträufele Korkis Kopf – den Korken – mit Flüssigkleber und drehe ihn in der Schale mit den Wollresten hin und her. Jetzt hat Korki ganz viele bunte Haare, die lustig abstehen! Male Korki dann das Gesicht auf und binde ihm eine Schleife um. Nun klebst du auf die vorbereitete Toilettenpapierrolle mit dem Klebestift die Krepppapierschnipsel auf. Wenn du jetzt noch den Kopf mit dem Holzspieß durch den offenen Teil der Toilettenpapierrolle steckst, ist Korki fertig zum Spielen.

Spiel und Musik 13

Bechermaus

Mäuse sind klein und neugierig, ganz schnell kommen sie aus ihrem Loch, holen sich etwas zu fressen und zack – sind sie auch schon wieder verschwunden. Genauso deine Bechermaus: Mal ist die Maus im Becher – mal kommt sie raus!

Du brauchst

- weißes Stoffquadrat mit 10 cm Seitenlänge
- Reis
- 1 Perle oder 1 kleinen Knopf
- rosa Filzreste für die Ohren
- 1 Stück Kordel
- 1 Pappbecher
- Filzstifte
- Schere
- Nadel und Nähgarn

So wird's gemacht

Bemale die Maus und den Becher mit Filzstiften, so viel und so bunt, wie es dir gefällt. Das geht am leichtesten, indem du den Becher über die Hand stülpst, die du nicht zum Malen brauchst. Dann fädelst du vorsichtig den Mäuseschwanz (also die Kordel) durch das Loch im Becher. Zum Schluss machst du in die Kordel noch einen Knoten – wenn du das noch nicht allein kannst, dann lass dir einfach ein bisschen helfen! Wenn der Knoten schön fest sitzt, kannst du die Maus aus dem Becher rein- und rausziehen.

Vorbereitung

Aus dem Stoff schneidest du einen kleinen, 10 cm großen Kreis aus. Den Kreis klappst du einfach in der Mitte zusammen und nähst ihn bis auf ein kleines Loch zu. Durch dieses Loch befüllst du deine Maus mit Reis, bis sie schön geformt ist. Dann steckst du das Kordelstück (also den Mäuseschwanz) ein Stückchen hinein und nähst die Maus zu. Als Nase nähst du eine Perle oder einen kleinen Knopf an die Nasenspitze deiner Maus, die Ohren schneidest du aus dem rosa Filz aus und klebst sie ganz einfach auf. Und bevor es dann richtig mit dem Basteln losgeht, musst du in den Pappbecher noch ein Loch stechen.

Spiel und Musik

Lustige Krone

Du möchtest selbst einmal König oder Königin sein? Mit dieser witzigen Krone bist du bestens dafür geschmückt. Oder du setzt sie dir bei deinem nächsten Geburtstag auf!

Das brauchst du

- 1 Streifen Plakatpapier (Länge deines Kopfumfangs + 2 cm zum Zusammentackern)
- Papierreste, z. B. Geschenkpapier, Tonkartonreste
- 4–5 Luftballons (je nach Größe der Krone)
- Klebestift
- Schere
- Locher
- Tacker

Vorbereitung

Passe den Plakatpapierstreifen deinem Kopfumfang an und loche in den oberen Rand 4–5 Löcher.

So wird's gemacht

Klebe nach Herzenslust Papierreste auf den Plakatstreifen auf und fädele die (noch nicht aufgeblasenen) Luftballons durch die Löcher am Rand. Jetzt müssen die Luftballons noch aufgeblasen werden, das heißt: Mama oder Papa muss pusten, pusten, pusten! Verknote dann die Luftballons auf der Innenseite und tackere gemeinsam mit einem Erwachsenen deine Krone zusammen – schon ist alles für deine Krönung vorbereitet!

Diese Krone gefällt bestimmt auch deiner großen Schwester.

Ping-Kiste

Gibt es etwas Schöneres, als laut zu singen oder selbst Geräusche zu machen? Und noch mehr Spaß macht Musik, wenn du dir deine Instrumente selber baust!

Das brauchst du

- Holzzigarrenschachtel mit Deckel
- breite und dünne Gummibänder
- Fingerfarbe
- Laubsäge
- 3–6 Murmeln
- evtl. Kreppband

Vorbereitung

Jetzt kannst du deinen Papa (oder wer sonst dein »großer Helfer« ist) mal so richtig anfeuern. Denn der muss jetzt mit der Laubsäge 2–3 kleine Schlitze links und rechts in die Seiten der Holzkiste sägen. Ganz schnell – aber gut auf die Finger aufpassen!

So wird's gemacht

Tropfe ein paar Tropfen deiner (Lieblings-)Fingerfarbe in die Holzschachtel. Dann gibst du die Murmeln dazu und hältst entweder den Deckel ganz fest zu oder verschließt ihn mit einem Gummiband oder Kreppband. Und jetzt macht es richtig Spaß: Schüttle die Schachtel ganz fest und schwenke sie wild umher – je wilder, desto besser, denn dann verteilt sich die Farbe viel schöner! Wenn du noch sehr klein bist, dann lass deine Eltern mitschütteln. Du wirst sehen, das macht auch den Großen Spaß! Wenn du meinst, dass sich die Farbe gut genug verteilt hat, holst du die Murmeln heraus und lässt die Kiste trocknen. Dann spannst du die Gummibänder von unten um die Kiste und klemmst sie in die Schlitze. Wenn du jetzt an den Gummibändern zupfst, entstehen Töne. Und bei verschiedenen Breiten der Gummibänder entstehen ganz unterschiedliche Töne – so macht Musizieren Spaß!

Klapper-Löffel

Dreh den Löffel hin und her und schon klappert er vor sich hin!

Das brauchst du

- 1 Kochlöffel
- 2 Holzkugeln, ca. 1,5 cm Durchmesser
- Fingerfarbe
- Filzstift
- Schnur
- Schere
- Teller für Fingerfarben
- Handbohrer oder Bohrmaschine (mit Holzbohrer)

Vorbereitung

Bohre in die Mitte des Kochlöffels ein kleines Loch.

So wird's gemacht

Zuerst malst du deinem Klapperlöffel mit einem Filzstift ein Gesicht. Gebe dann etwas Fingerfarbe auf einen Teller und betupfe damit den Löffel. Während du den Löffel kurz trocknen lässt, verknotest du eine Holzkugel mit der Schnur. Damit

Spiel und Musik 17

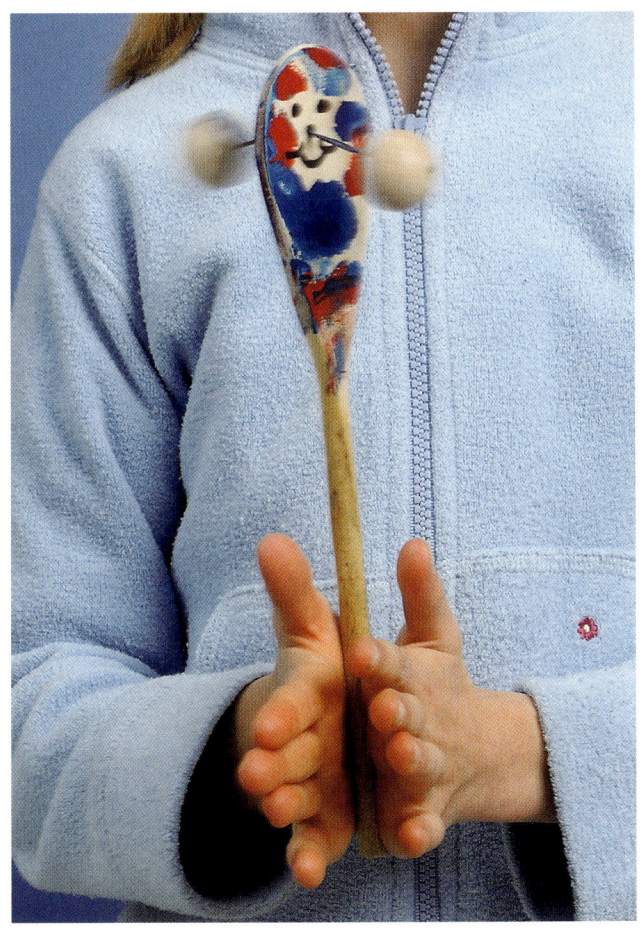

sich die Kugel beim Spielen nicht lösen kann, muss sie dir ein Erwachsener ganz fest knoten. Jetzt ist Geschick gefragt: du musst die Schnur durch die Öffnung im Löffel fädeln und auf der anderen Seite die zweite Holzkugel festknoten. Aber Vorsicht! Die Schnur sollte nicht zu lang sein, sonst klappert es nicht richtig. Fest geknotet? Dann lass mal hören! Wenn du jetzt den Löffel zwischen deinen Händen drehst, dann klappert es nämlich ganz toll.

 **TiPP** Du kannst auch auf die eine Seite ein glückliches und auf die andere Seite ein trauriges Gesicht malen.

Tschüss, Winter!

Der Winter war schön und du hast viel erlebt. Aber den langen, dunklen Wintertagen sagen wir jetzt gerne tschüss und freuen uns gemeinsam über den Frühlingsanfang!

Das brauchst du

- Joghurtbecher
- Styroporkugel
- kleinen Tontopf (als Hut, muss zur Styroporkugel passen)
- kleines Stück Fotokarton für das Schild
- kleines Stück schwarzer Moosgummi für die Nase
- Zahnstocher
- Dreieck von einer Styropordeckenplatte (im Baumarkt nach Resten fragen)
- weißes Papier
- Stoffstreifen
- starken Kleber
- Klebestift
- Filzstift

So wird's gemacht

Klebe mit dem Klebestift die Papierschnipsel auf den Joghurtbecher, so dass eine richtig dicke Schicht entsteht. Mit starkem Kleber befestigst du darauf die Styroporkugel als Kopf und klebst zwei weiße Papierstücke als Arme an. Aus Moosgummi bekommt der Schneemann seine Nase und dann malst du ihm noch Augen und Mund auf.
Danach klebst du deinem Schneemann den Tontopf auf den Kopf (wieder mit dem starken Kleber, denn der Topf ist ganz schön schwer!) und bindest ihm den Stoffstreifen als Schal um.
Wenn du jetzt noch deinen Schneemann auf der Styroporplatte festklebst und das Schild auf der Platte platzierst, kann der Frühling wirklich kommen.

Vorbereitung

Zerschneide oder zerreiße das weiße Papier und schneide aus dem Moosgummi eine Nase. Jetzt brauchst du jemanden, der schon schreiben kann. Das Schild muss nämlich beschriftet werden, mit den Worten »Tschüss Winter, hallo Frühling!«. Damit auch wirklich allen klar ist, dass jetzt der Winter zu Ende ist.

Ach du meine Güte!

Ich glaub', ich muss zum Friseur. Kennst du das? Die Haare wachsen so schnell – und schon erkennt man sich im Spiegel kaum wieder.

Das brauchst du

- Fotokarton in Blau und Weiß
- Konfetti
- Flüssigkleber
- Stifte in Rot und Schwarz
- Schüttelkiste

etwas beidseitigem Klebeband in der Schüttelkiste. Tropfe etwas Flüssigkleber auf den Kopf (in der Haargegend) auf und werfe ein bis zwei Hände Konfetti in die Kiste. Und nun einfach den Deckel schließen und kräftig schütteln! Überraschung! Dein Mann hat Haare!

Vorbereitung

Schneide einen Kreis von ca. 10–12 cm Durchmesser aus weißem Fotokarton aus.

So wird's gemacht

Male auf den Kreis ein Gesicht auf. Dann klebe den Kreis auf den blauen Fotokarton und befestige diesen mit

Daisy, die zwinkernde Blume

Wenn du einer Blume zuzwinkerst, vielleicht zwinkert sie dann zurück, so wie Daisy!

Das brauchst du

- leere Toilettenpapierrolle
- 1 Pfeifenreiniger
- 2 kleine Holzkugeln für die Hände
- Seidenpapier in verschiedenen Farben
- Fotokarton in Weiß und Gelb
- Flüssigkleber
- Klebestift
- Tacker
- Stift

Vorlagen auf Seite 57

Vorbereitung

Übertrage nach den Vorlagen die Blume auf den weißen Fotokarton und den Kreis für das Gesicht auf den gelben und schneide beide aus. Aus dem Seidenpapier lässt du dir verschieden große Papierschnipsel schneiden.

So wird's gemacht

Zuerst beklebst du die leere Rolle mit einem Klebestift rundherum mit Papierschnipseln. Dann machst du links und rechts in die Rolle ein kleines Loch und steckst den Pfeifenreiniger durch, bis die Arme etwa gleich lang sind. Nun befestigst du die Holzkugeln mit Flüssigkleber jeweils am Ende, so dass Daisy Hände bekommt. In den gelben Kreis malst du das Gesicht (nicht vergessen: ein Auge zwinkert!) und klebst den gelben Kreis auf die weiße Blume auf. Zum Schluss steckst du die Blüte in die Rolle und verbindest beide mit dem Tacker.

 **Tipp** Seidenpapier kann auch gut gerissen werden – so kannst du deine Papierschnipsel ganz leicht selbst herstellen!

Alle meine Schafe

Der lustige Schäfer passt gut auf seine Schäfchen auf. So können sich die Schafe in aller Ruhe das frische grüne Gras schmecken lassen!

Das brauchst du

Für den Schäfer
- kleinen Ast als Stock
- bunte Papierschnipsel
- kleinen leeren Joghurtbecher
- Gemüsetüte als Umhang
- Fotokarton in Braun und Hautfarben
- leere Küchenrolle
- Stoffreste

Für die Schafe
- leere Toilettenpapierrollen
- Fotokarton in Weiß und Braun
- Watte
- doppelseitiges Klebeband
- Klebestift
- Flüssigkleber
- Tacker
- Stifte

Für die Schale
- leere Obstschale
- rechteckige Papierschnipsel in Grün
- etwas Erde
- Katzengras oder Kresse
  Tipp: Du kannst auch Moos oder Ostergras nehmen, wenn es schnell gehen soll.

Vorlagen auf Seite 57

Vorbereitung

Du solltest die Schale im Voraus bepflanzen, damit das Katzengras bzw. die Kresse bereits ca. 1 cm hoch ist. Dann schneidest du Reste von grünem Papier in kleine rechteckige Schnipsel. Nach den Vorlagen schneidest du aus dem braunen Fotokarton die Arme des Schäfers aus, aus dem hautfarbenen Fotokarton seine Hände und sein Gesicht. Schneide aus dem braunen Karton die Gesichter der Schafe aus und aus dem weißen Karton ihre Köpfe. Auf der Rückseite aller Gesichter bringst du doppelseitiges Klebeband an. Jetzt tackerst du noch die Küchenrolle und die Toilettenpapierrollen an einem Ende je zweimal zusammen.

So wird's gemacht

Beklebe zuerst die Gemüsetüte mit bunten Papierschnipseln (das wird der Umhang des Schäfers). Wenn du die Spitze der Tüte abschneidest, kannst du sie über das zusammengeheftete Ende der Küchenrolle stülpen. Klebe dann das Gesicht des Schäfers auf, setze ihm den Joghurtbecher als Hut auf und binde ihm aus einem Stoffrest einen Schal um. Dann wickelst du die Arme um die Küchenrolle und klebst sie fest – den Stock nicht vergessen! Diesen klebst du zwischen die Hände, denn was wäre ein Schäfer ohne seinen Stab? Jetzt musst du dem Schäfer nur noch ein lustiges Gesicht malen!
Dann bastelst du die Schafe. Die Schäfchen erhalten ihr Fell, indem du die Watte mit dem Klebestift

auf die Toilettenrollen klebst. Hast du schon mal ein Schaf gestreichelt? Dann weißt du ja bestimmt, dass Schafe ganz weich sind. Pass also auf, dass du genug Watte aufklebst, damit es schön wollig wird. Auf das zusammengeheftete Ende der Toilettenrollen klebst du das Gesicht auf und malst den Schäfchen noch Augen, Nase und Mund.

Zum Schluss verschönerst du noch die Schale mit Gras. Dazu klebst du außen viele grüne Papierschnipsel fest. Dann kannst du den Schäfer mit allen seinen Schafen auf das Gras stellen!

Schnecki

Schnecki, die kleine bunte Schnecke, lässt sich ganz viel Zeit. Aber wozu auch die Eile – wo es doch auf dieser Welt so viel zu entdecken gibt!

Vorbereitung

Schneide eine Toilettenpapierrolle in drei gleich breite Stücke. Auf das Ende des grünen Fotokartons klebst du ein Stück doppelseitiges Klebeband – so dass du es später zu einem Kreis schließen und zukleben kannst.

So wird's gemacht

Bemale mit deinen Fingern die drei Papierrollen-Ringe innen mit Fingerfarbe. Wenn die Farbe trocken ist, wickelst du die Ringe in den grünen Fotokartonstreifen (wenn du willst, kannst du sie noch ein bisschen mit Kleber fixieren) und klebst die Enden des Streifens zusammen, so dass sich ein Kreis ergibt. Jetzt bemalst du die zweite Toilettenpapierrolle außen mit Fingerfarbe.
Wenn alles getrocknet ist, drückst du das Ende der ganzen Rolle zusammen und rundest die Ecken mit der Schere ab (da sollte ein Erwachsener ein bisschen helfen). Dann steckst du vorsichtig den Pfeifenreiniger dazwischen und heftest die Rolle von hinten mit dem Tacker zusammen.
Jetzt braucht Schnecki noch eine Nase. Diese schneidest du aus dem roten Papier aus und klebst sie schön mittig auf. Male Schnecki dann die Augen und den Mund auf.
Zum Schluss biegst du die Pfeifenreiniger zu Fühlern und klebst noch das Schneckenhaus mit dem doppelseitigen Klebeband an den Körper – und schon kannst du mit Schnecki spielen!

Das brauchst du

- 2 leere Toilettenpapierrollen
- grünen Fotokartonstreifen, 4 x 40 cm
- 1 grünen Pfeifenreiniger
- verschiedene Fingerfarben
- rotes Papier für die Nase
- Filzstift
- Tacker
- Schere
- doppelseitiges Klebeband
- Teller für Fingerfarbe

Zwergblume

Die kleine Zwergblume möchte so gerne groß sein! Und dabei sind auch kleine Blumen bunt und schön. Und deine Zwergblume ist die schönste Blume von allen, findest du nicht auch?

Das brauchst du

- farbigen Fotokarton
- Papierschnipsel
- Papier-Pralinenförmchen
- Klebestift
- Klebeband
- Zahnstocher
- leeren Joghurtbecher
- grünes Ziergras
- kleines Steckmoos
- Schere

Vorlagen auf Seite 57

Vorbereitung

Übertrage die Vorlagen der Blume und der Blätter auf den Fotokarton und schneide sie aus. In die Mitte der Blätter bohrst du (am besten gleich mit dem Zahnstocher) ein kleines Loch. Das Steckmoos drückst du in den leeren Joghurtbecher.

So wird's gemacht

Beklebe die Blumenblüte mit den Papierschnipseln und klebe das Pralinenpapier in die Mitte der Blüte. Auf der Rückseite befestigst du den Zahnstocher mit einem Stück Klebeband. Nun steckst du die Blätter auf den Zahnstocher und diesen in das Steckmoos. Damit das Steckmoos nicht zu sehen ist, wickelst du das Ziergras um die Blätter und den Blütenstiel. Und schon bist du fertig und deine Zwergblume blüht in voller Pracht!

Henne Henriette

Ist Henriette nicht eine fleißige Henne? Sie hat ganz viel Stroh gesammelt und gerade ihr Nest für dich fertig gebaut.

Das brauchst du

- Deckel einer Eierschachtel
- feste Pappe
- kleine Stücke roten Fotokarton
- kleine Stücke Moonrockpapier
- buntes Transparentpapier
- Serviette
- doppelseitiges Klebeband
- etwas Stroh oder Ostergras
- Klebestift
- Schere

Vorlagen auf Seite 58

Vorbereitung

Übertrage die Henne nach der Vorlage auf die Pappe, den Flügel auf das Moonrockpapier und Kamm und Schnabel auf den roten Fotokarton und schneide alles aus. Für das Auge der Henne schneidest du einen kleinen weißen Kreis aus und malst mittig einen schwarzen Punkt hinein. Das bunte Transparentpapier schneidest (oder reißt) du in kleine Rechtecke.

So wird's gemacht

Beklebe die bunten Rechtecke kreuz und quer – ganz nach deinem Geschmack – mit dem Klebestift auf den Körper der Henne. Dann klebst du Flügel, Kamm, Schnabel und Auge auf. Jetzt ist Henriette schon fertig, sie gackert ja auch schon ganz aufgeregt! Jetzt musst du deine Henne nur noch zu ihrem Nest setzen.
Dazu klebst du auf den hinteren Rand der Eierschachtel einen Streifen doppelseitiges Klebeband und drückst dein Huhn fest an. Damit es schön aussieht, legst du eine Serviette in die Schale und füllst noch etwas Stroh oder Gras ein. Schon kannst du das Nest mit all den Süßigkeiten befüllen, die dir der Osterhase gebracht hat!

Topfi, der Hase

Hast du schon mal den Osterhasen gesehen? Bestimmt nicht, so schnell ist er! Topfi, der Hase mit Puschelschwanz, hat mehr Zeit.

Das brauchst du

- Styroporkugel, ca. 4 cm Durchmesser
- Tontopf
- Fotokarton in Braun und Rosa
- Wattebällchen
- braune Fingerfarbe
- Schnurrhaare (z. B. Besenborsten oder Stroh)
- dicken Filzstift in Schwarz
- Flüssigkleber
- Schere
- scharfes Messer
- Teller für Fingerfarbe

Vorlagen auf Seite 58

Vorbereitung

Schneide in die Styroporkugel einen Schlitz, so dass du sie am Rand des Tontopfs feststecken kannst. Woran erkennst du einen Hasen? Richtig, an den langen Ohren! Mach deshalb auch zwei kleine Schlitze in die Oberseite der Kugel, damit du darin die Ohren feststecken kannst. Nach den Vorlagen überträgst du die Ohren, Füße und Schenkel auf den braunen Fotokarton und schneidest sie aus. Die Nase und die Innenohren sind aber rosa, deshalb schneidest du sie aus dem rosa Fotokarton aus.

So wird's gemacht

Nimm einen Klecks braune Fingerfarbe auf die Hand und rolle die Styroporkugel so lange hin und her, bis sie komplett braun ist. Den Tontopf bemalst du außen auch mit der Fingerfarbe und lässt ihn trocknen. Und jetzt ist erst mal Finger waschen angesagt. Warum? Sonst bekommt dein Hase keinen leuchtenden weißen Puschelschwanz! Der ist nämlich als Nächstes dran. Rolle dazu den Wattebausch so lange, bis er richtig wuschelig ist und klebe ihn dann hinten am Tontopf fest. Jetzt fehlen Topfi noch die Füße und Schenkel, die du an den richtigen Stellen ankleben musst. Als Nächstes befestigst du die Schnurrhaare unter der Nase, klebst sie mit einem Tropfen Flüssigkleber fest und klebst darauf noch die Nase. Stecke dann die Ohren in die beiden Schlitze am Kopf (wenn du willst, kannst du sie mit Kleber fixieren). Wenn du Topfi jetzt noch Augen und den Mümmelmund malst, dann ist dein lustiger Hase mit dem Puschelschwänzchen fertig.

Hanno Hahn

Kikeriki, Kikeriki – na, bist du jetzt hellwach? Damit du immer so lustig geweckt wirst, brauchst du einen Hahn. Fang also gleich an, denn mit deinen helfenden Händen entsteht der lustige Hahn Hanno.

Das brauchst du

- weißen Fotokarton
- orangefarbenes Tonpapier
- 2 (gestreifte) Pfeifenreiniger
- orangefarbenen Papierrest für den Schnabel
- etwas Toilettenpapier
- Klebestift
- Locher
- Eddingstift

Vorlagen auf Seite 59

Vorbereitung

Übertrage Hannos Kopf und Körper auf den Fotokarton und schneide beides aus. Welche Farbe hat ein Schnabel? Genau, orange! Den Schnabel überträgst du also auf den orangefarbenen Papierrest und schneidest ihn ebenfalls aus. Deine Hände sind für Hanno besonders wichtig, denn aus deinen Handabdrücken werden Hannos Füße, sein Kamm und sein Bartlappen! Dafür faltest du das orangefarbene Tonpapier und presst auf einer Seite beide Hände auf das Papier. Nun muss dir jemand helfen und deine Handumrisse auf das Papier aufmalen. Wenn du diese Umrisse ausschneidest, erhältst du vier Hände – denn das Papier ist ja doppelt gefaltet! Bei zwei Händen machst du in Höhe des Handgelenkes ein Loch – diese Handabdrücke werden später die Füße.

So wird's gemacht

Was wäre ein Hahn ohne Federn! Deshalb kümmerst du dich am besten erst mal um Hannos Gefieder: zerreiße das Toilettenpapier in Stücke (etwa so groß wie echte Federn) und klebe es auf den Körper des Hahns. Jetzt kommen zwei Handabdrücke von dir ins Spiel. Klebe an den Kopf oben einen Handabdruck als Kamm, und unten (sozusagen am Kinn) einen Handabdruck verkehrt herum als Bart an.

Dann klebst du den Kopf an den Körper und schon kannst du Hanno ein Gesicht aufmalen und ihm das orangefarbene Dreieck als Schnabel aufkleben. Aber jetzt fehlen Hanno ja noch die Beine! Also schnell zwei Löcher am unteren Teil des Körpers lochen, durch die du die Pfeifenreiniger steckst und auf der Rückseite festdrehst. Die beiden gelochten Handabdrücke verbindest du ebenfalls mit den Pfeifenreinigern – und schon ist Hanno startklar. Am lustigsten sieht Hanno übrigens mit gestreiften Pfeifenreinigern aus!

TiPP für Eltern und Erzieher
Wenn mit mehreren Kindern gebastelt wird, können die Eltern das Abzeichnen der Handabdrücke als Hausaufgabe übernehmen.

Meine Blume

Endlich ist Sommer – jetzt blühen überall die schönsten Blumen. Aber deine Blume ist etwas ganz Besonderes, denn sie ist ein wunderschöner, bunter Bilderrahmen!

Das brauchst du

- Kochlöffel
- 1 Foto von dir selbst
- Fotokarton in Weiß
- verschiedene Fingerfarben
- Papprest für die Fotohalterung
- Kräutertopf mit Übertopf
- Flüssigkleber
- breites Klebeband
- Schere
- Teller für Fingerfarbe

Vorlage auf Seite 56

Vorbereitung

Übertrage die Blume nach der Vorlage auf den weißen Fotokarton und schneide sie aus. Schneide auch gleich die Blumenmitte heraus, so dass du später dein Bild an der Rückseite des Blumenrahmens festkleben kannst.

So wird's gemacht

Bemale den Stiel deiner Blume, also den Kochlöffel, mit grüner Fingerfarbe und lasse ihn trocknen. Dann klebst du den Papprest, der als Fotohalter dient, mit dem breiten Klebeband auf der Rückseite deiner Blume fest. Vergiss aber nicht, oben offen zu lassen, damit du dein Foto später auch einstecken kannst! Dann kannst du deiner Phantasie freien Lauf lassen und die Blumenblüte mit verschiedenen Farben bemalen.

Wenn der Stiel und die Blüte ganz trocken sind, befestigst du die Blume mit Flüssigkleber am Kochlöffel und steckst die fertige Blume in den Kräutertopf.

Am Meer

Sand, Wellen, Muscheln – damit du dich immer wie im Urlaub fühlst, kannst du dir ein Bild mit deinen schönsten Urlaubserinnerungen basteln.

Das brauchst du

- Bilderrahmen für Bilder im Format 13 x 18 cm, ohne Glas oder alternativ tieferen Dekorationsrahmen
- blauen Fotokarton im Format 13 x 18 cm
- farbigen Sand
- Muscheln
- Islandmoos
- Gräser
- doppelseitiges Klebeband
- Flüssigkleber oder Heißklebepistole
- Schüttelkiste
- Schere

Vorbereitung

Schneide doppelseitiges Klebeband in wellige Streifen und klebe es auf den Fotokarton. Lass das Schutzpapier aber zunächst noch dran!

So wird's gemacht

Klebe den vorbereiteten Fotokarton mit etwas doppelseitigem Klebeband in der Schüttelkiste fest. Ziehe die Schutzfolie von einer Welle ab und streue Sand darauf. Jetzt schließt du den Deckel und schüttelst den Karton. Wenn du jetzt den Deckel aufmachst, dann ... Überraschung! Der Sand klebt jetzt auf der Welle. Bei den anderen Wellen machst du es genauso, bis alle mit Sand bedeckt sind. Dein Sandbild setzt du in den Rahmen ein und dekorierst es mit Muscheln, Moos oder Gräsern – du hast doch bestimmt Strandfundstücke zu Hause, oder? Am besten halten deine Schmuckstücke mit der Heißklebepistole oder Flüssigkleber.

 **TIPP** Hier kommen deine gesammelten Urlaubsmitbringsel besonders gut zur Geltung!

Ahoi, Ahoi!

Ahoi, Ahoi! Diesen Seemannsgruß rufen sich Kapitäne und Matrosen zu. Werde selbst Kapitän auf deinem eigenen Schiff und segle mit uns zu einer Trauminsel!

Das brauchst du

- Glasdeckel von einem Weckglas
- kleinen Joghurtbecher
- Gips
- Fingerfarbe
- weißen Fotokarton oder festes Papier
- Holzstab (z. B. Schaschlikspieß)
- Transparentpapier
- kleine Stücke Steckmoos
- Klebestift
- Klebeband

Vorlage auf Seite 58

Vorbereitung

Schneide das Transparentpapier in kleine Stücke. Übertrage das Segel nach der Vorlage auf den Fotokarton und schneide es aus. Aus einem Stück Transparentpapier schneidest du ein kleines Dreieck aus, denn dein Schiff braucht ja auch eine Flagge! Für das Meer rührst du etwas Gips an und mischst etwas blaue Fingerfarbe ein.

So wird's gemacht

Fülle den farbigen Gips in den Glasdeckel und drücke mit den Fingern vorsichtig Wellen ein. Dann füllst du etwas Steckmoos in den kleinen Joghurtbecher und drückst ihn vorsichtig in den Gips – so dass es aussieht, als wenn dein Schiff mitten im Meer schwimmt. Während der Gips trocknet, beklebst du das Segel mit den Transparentpapierschnipseln. Beklebe das Segel am besten von beiden Seiten, das sieht besonders schön aus! Nun befestigst du das Klebeband am Holzstab und steckst diesen in das Steckmoos. Zuletzt klebst du die Flagge auf die Spitze und auf geht's zur Trauminsel.

Ozean-Mobile

Du willst ein richtiges Meereszimmer haben? Dann fang gleich mit dem Ozean-Mobile an und schon hast du Fische und andere Meerestiere bei dir im Zimmer!

Das brauchst du

- Eierschalen
- Lebensmittelfarbe/Ostereierfarbe
- festes Papier oder Karton
- Fingerfarbe in Grün, Blau, Rot und Gelb
- Gefrierbeutel
- Küchentücher
- Sand
- dünne Kordel
- Muschel mit einem durchgebohrten Loch
- Kleber
- doppelseitiges Klebeband
- Teller für Fingerfarbe

Vorlagen auf Seite 59

Vorbereitung

Fülle die Eierschalen in den Gefrierbeutel, gebe etwas Lebensmittelfarbe und etwa 2 Esslöffel Wasser dazu. Den Gefrierbeutel drehst du zu und schüttelst ihn ein paar Mal. Warum? Na, damit die Eierschalen so richtig bunt werden! Leere den Beutel auf einem Küchentuch aus und lasse die gefärbten Eierschalen trocknen.
Übertrage die Vorlage für den Fisch zweimal auf den Karton und schneide beide Fische aus. Genauso machst du es zweimal mit der Vorlage für den Seestern. Auf die Rückseite je eines Fisches und eines Seesternes klebst du doppelseitiges Klebeband.

Die Fingerfarben blau und grün für den Fisch und rot und gelb für den Seestern streichst du klecksweise auf den Teller, so dass sich die beiden Farben jeweils beim Auftragen vermischen.

So wird's gemacht

Bemale mit den Fingern beide Fische (bei einem Fisch die Vorderseite, bei einem die Rückseite) mit blauer und grüner Farbe und trage vor dem Trocknen etwas Kleber auf. Dann zerdrückst du die gefärbten Eierschalen zu kleinen Splittern und streust sie auf die Fische. Bei den Seesternen gehst du ähnlich vor: erst bemalst du beide rot und gelb, dann trägst du etwas Kleber auf und bestreust die Seesterne mit Sand. Sieht doch jetzt schon toll aus, oder?
Wenn die Motive getrocknet sind, legst du den Fisch und den Seestern mit dem Klebeband so auf den Tisch, dass die Seite mit dem Klebeband zu dir schaut. Nun ziehst du das Klebeband ab und legst die Kordel auf die Motive. Aber Vorsicht! Achte darauf, dass Seestern und Fisch genügend Abstand zueinander haben. Dann klebst du die zweite Fisch- bzw. Seesternseite darauf. Wenn du zum Schluss noch eine Muschel an der Kordel festknotest, hast du ein wunderschönes Mobile für dein Kinderzimmer.

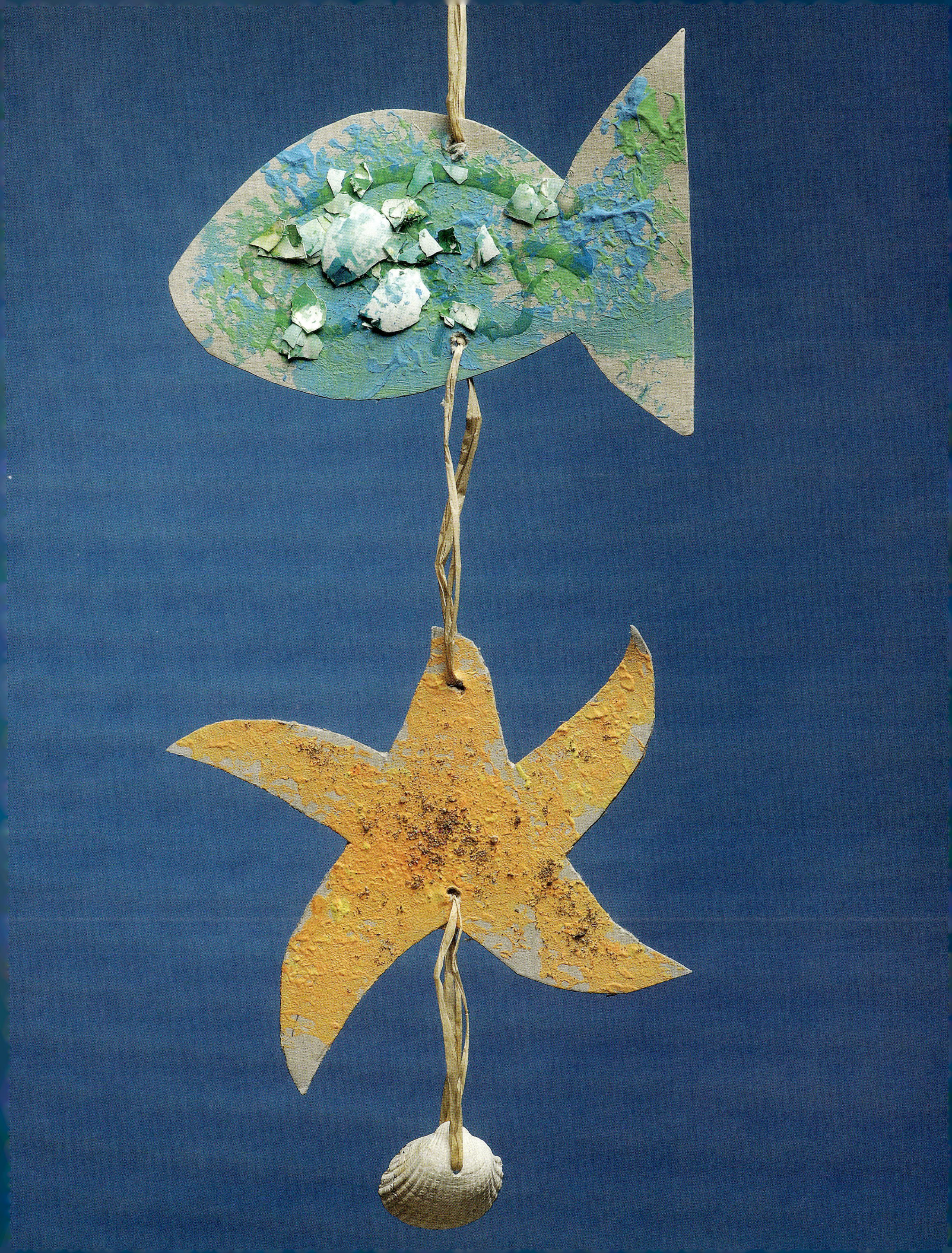

Bunter Drache

Je windiger es im Herbst draußen ist, desto besser! Dann kannst du endlich wieder einen Drachen steigen lassen. Und dein Drache fliegt besonders weit in den Himmel und lacht mit seinen fröhlichen Farben zu dir herunter!

Das brauchst du

- Drahtbügel
- Stück weißes Leinen oder Baumwolle (z. B. altes Betttuch)
- Krepppapier in verschiedenen Farben
- Schnur
- Haftband zum Bügeln
- Metallzange
- Bügeleisen
- Schüssel mit Wasser
- Schere
- Flüssigkleber
- schwarzen Fotokarton für Augen und Nase

Vorbereitung

Schneide aus dem schwarzen Fotokarton zwei Augen und eine Nase aus. Zwicke den Haken des Drahtbügels ab und umwickle die Spitze mit Klebeband, so dass sich keiner an der scharfen Kante verletzen kann! Biege das gedrehte Stück nach oben und ziehe den Bügel auseinander, bis die Form eines Drachens entsteht. Den weißen Stoff schneidest du so zurecht, dass er ca. 1^{1}/$_{2}$-mal so groß wie der Drache ist. Dann legst du den Bügel darauf, klappst den übrigen Stoff um und bügelst ihn mit dem Haftband fest. Achtung: Das gedrehte Stück muss nachher unten sein!
Das Krepppapier reißt oder schneidest du in kleine Stücke (ca. 4 x 4 cm) und in einige Streifen für die Schleifen deines Drachens.

So wird's gemacht

Fülle die Schüssel mit 1–2 Esslöffeln Wasser, tauche die Krepppapierstücke ein und drücke sie auf dem Drachen aus. Damit dein Drache nachher auch schön bunt ist, solltest du mit den hellen Farben beginnen. Wenn alles getrocknet ist, kannst du die Augen und die Nase mit Flüssigkleber aufkleben. Dann befestigst du die Drachenschnur an dem nach oben gedrehten Halsstück. Besonders schön wird dein Drache, wenn du in kleinen Abständen von ca. 3 cm verschiedenfarbige Krepppapierstreifen festbindest. Denk aber immer daran: Die Farben sind nicht farbecht! Wenn dein Drache also nass wird oder lange dem Sonnenlicht ausgesetzt wird, verblassen die Farben oder waschen sich sogar aus.

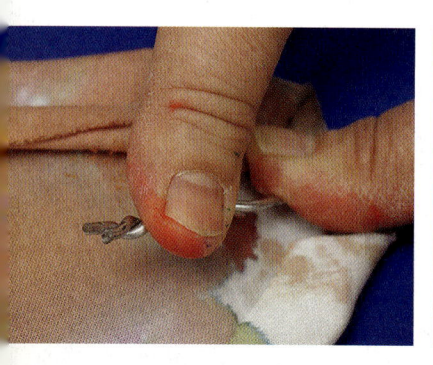

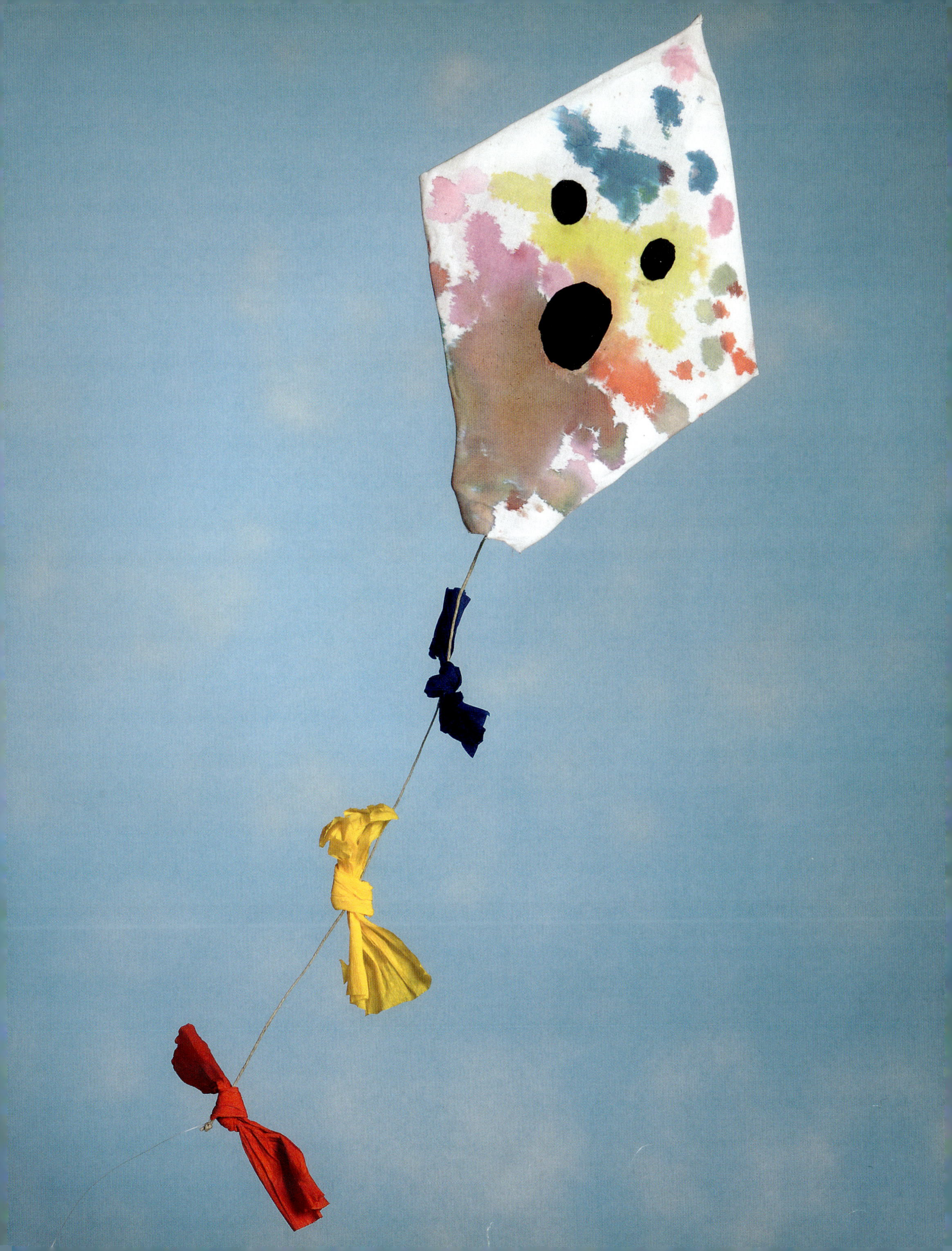

Herbi, die Maus

Die meisten Tiere sammeln im Herbst Vorräte für den Winter. Sammelst du im Herbst auch immer ganz tolle Sachen? Dann mach doch ein schönes Herbstbild daraus, mit der frechen Maus Herbi.

Das brauchst du

- Kartonreste
- getrocknete Blätter
- Dekoblätter, Korn oder Hafer, Moos (Mitbringsel von einem Herbstspaziergang)
- Fliesengittergewebe aus dem Baumarkt
- Fotokarton in Grau
- kleines Stück schwarzer Fotokarton für die Nase
- grauen Sand
- Bast für Herbis Schwanz und die Aufhängung
- doppelseitiges Klebeband
- Flüssigkleber
- Schüttelkiste
- Tacker

Vorlage auf Seite 61

Vorbereitung

Schneide den Karton und das Fliesengittergewebe zurecht und tackere beides aneinander. Übertrage die Maus nach der Vorlage auf den grauen Fotokarton und schneide sie aus. Aus dem schwarzen Fotokarton schneidest du Herbis Nase aus.

So wird's gemacht

Klebe deine Herbstmitbringsel mit flüssigem Kleber auf den vorbereiteten Karton. Du findest, dass Herbi im Moment noch langweilig aussieht? Das kannst du ändern: Befestige die Maus mit etwas doppelseitigem Klebeband in der Schüttelkiste. Wie es jetzt weitergeht, weißt du ja bestimmt schon. Du tropfst ein bisschen Flüssigkleber auf die Maus, streust den grauen Sand oben darauf und dann machst du den Deckel der Schüttelkiste zu und schüttelst ganz kräftig. Jetzt sieht Herbi aber wirklich schon toll aus! Mit Flüssigkleber klebst du deiner Maus noch die Nasenspitze und den Schwanz auf, malst Augen und Mund auf und klebst die Maus mit dem doppelseitigen Klebeband auf dein Herbstgemälde.

Blattmännchen

Siehst du das lustige Blattmännchen? Es steht ganz fröhlich mitten im Wald und leuchtet in vielen bunten Farben. Wie schön der Herbst doch ist!

Das brauchst du

- 1 großes Laubblatt
- Fotokarton in Weiß und Haut
- kleine Stücke grüner Fotokarton
- 2 Zahnstocher
- 2 Korken
- Klebeband
- Klebestift
- Fingerfarben in den Herbstfarben
- Teller für Fingerfarbe
- Schere
- Tacker
- Filzstift

Vorlagen auf Seite 61

So wird's gemacht

Trage die Fingerfarben mit den Fingern auf das Laubblatt auf, bis das ganze Blatt bedeckt ist. Dann legst du das Blatt auf den Fotokarton und drückst ganz fest bzw. klopfst mit der Hand darauf, so dass sich die Farbe gut auf den Karton überträgt. Nimm das Blatt vorsichtig wieder herunter und lasse die Farben auf dem Karton trocknen.

Wenn alles trocken ist, klebst du das Gesicht auf, malst Augen, Nase und Mund auf und klebst die Hände von hinten an das Blattmännchen. Nun musst du nur noch die Zahnstocher-Beine an der Rückseite mit Klebeband festkleben – und schon hat das Männchen Beine. Bastel doch gleich zwei Männchen, dann können sie gemeinsam durch die Welt stapfen.

Vorbereitung

Schneide einen Kreis von ca. 5 cm Durchmesser als Gesicht aus. Aus dem grünen Fotokarton schneidest du die Hände aus. Für den Körper des Blattmännchens legst du das Blatt auf den weißen Fotokarton, umrandest es vorsichtig mit dem Filzstift und schneidest das (Papier-)Blatt aus. Mit der Scherenspitze machst du in jeden Korken ein kleines Loch und steckst die Zahnstocher hinein.

Herbst-Stange

Der Herbst ist da und plötzlich sind alle Blätter bunt und man kann Kastanien sammeln gehen! Nimm doch beim nächsten Spaziergang Herbstfundstücke mit und reihe sie zu einem tollen Kunstwerk auf!

Das brauchst du

- 4–5 getrocknete Blätter
- 2 Kastanien
- Fotokarton in Hellgrün und Dunkelgrün
- Fingerfarbe
- einen langen Schaschlikspieß
- Bast
- Locher
- Schere
- Teller für Fingerfarbe
- Heißklebepistole

Vorbereitung

Lege die Blätter auf den Fotokarton, umrande sie grob mit dem Stift und schneide sie aus. Dann machst du mit dem Locher in die trockenen Blätter und die Blätter aus Fotokarton Löcher. Mit der Schere bohrst du kleine Löcher in die Kastanien und befestigst darin den Schaschlikspieß mit der Heißklebepistole.

TiPP für Eltern und Erzieher
Bei Kastanien können die Löcher am leichtesten in die hellen Stellen gebohrt werden!

So wird's gemacht

Verteile Fingerfarbe auf dem Teller und drücke die Papierblätter auf die Farbe. Wenn du es besonders bunt magst, kannst du das auch mit den getrockneten Blättern machen. Nach dem Trocknen fädelst du die Blätter einzeln auf den Bast auf und hängst sie an die Stange. Dann befestigst du noch ein Stück Bast links und rechts an der Stange, und schon kannst du deine Herbststange aufhängen und allen deine Herbstfundstücke zeigen.

Herbst 41

Ilse Igel

Die kleine, stachelige Ilse Igel sitzt auf ihrem Blatt und genießt die letzten Sonnenstrahlen. Schau schnell, denn bald geht Ilse in den Winterschlaf!

Das brauchst du

- 1 großes getrocknetes Blatt
- Fotokarton in Braun und Haut
- Papierstreifen in Hellbraun, Dunkelbraun, Schwarz
- feste Pappe
- Klebestift
- Schere
- Stift
- Tacker

Vorlagen auf Seite 60

So wird's gemacht

Klebe die Papierstreifen mit dem Klebestift auf den Igel – aber nur bis zur Markierung! Klebe dann das Gesicht und die Nase auf und male Ilse Auge und Mund. Den fertigen Igel tackerst du auf das getrocknete Blatt.

Vorbereitung

Übertrage den Igel von der Vorlage auf die Pappe und das Gesicht und die Nase auf den hautfarbenen Fotokarton und schneide alles aus. Die Papierstreifen schneidest du in verschiedene Breiten und Längen, das werden die Stacheln. Aber Vorsicht! Die Streifen sollten nicht länger sein als der Igelkörper.

Fred Scheibe

Drauß' vom Walde komm ich her – ich bin Fred Scheibe und ein ganz lustiges Kerlchen. Im Herbst fühl ich mich besonders wohl, denn da ist der Wald so schön bunt!

Das brauchst du

- 1 Holzscheibe
- 1 Kastanie
- getrocknete (Eichen-)Blätter
- 2 Pfeifenreiniger
- 2 Holzfüße aus dem Bastelbedarf
- 2 Hände aus Holz (z. B. Holzstreuartikel aus dem Dekorationsbedarf)
- Stift
- Fingerfarbe
- Teller für Fingerfarbe
- Heißklebepistole

So wird's gemacht

Bemale die Holzscheibe mit Fingerfarbe in verschiedenen Farben. Nach dem Trocknen drehst du die 2 Pfeifenreiniger zusammen, so dass Arme und Beine entstehen. Mit der Heißklebepistole befestigst du die Holzhände und -füße an den Pfeifenputzern. Vorsicht, der Kleber ist wirklich sehr heiß! Lass das lieber einen Großen machen! Auf der Rückseite der Holzscheibe klebst du die Pfeifenputzer über Kreuz fest. Dann klebst du die Kastanie als Nase und die getrockneten Blätter als Haare an. Wenn du jetzt noch Augen und Mund aufmalst, dann ist Fred Scheibe fertig und für jeden Spaß zu haben.

Mini-Laterne (nur für Elektrostäbe geeignet)

Ich geh mit meiner Laterne und meine Laterne mit mir... diese Mini-Laterne ist genau das Richtige für dein erstes Laternenfest!

Das brauchst du

- festen Joghurtbecher mit Deckel
- selbstklebende Lampenschirmfolie
- Transparentpapier in Gelb
- Fingerfarbe in 2–3 verschiedenen Farbtönen
- Flüssigkleber
- spitze Schere
- Teller für Fingerfarbe

Wenn die Laterne trocken ist, klebst du die ausgeschnittenen Löcher und den Deckel von innen mit dem fertig zurechtgeschnittenen Transparentpapier zu. Das Transparentpapier lässt das Licht besonders gut durch und so leuchtet deine Laterne wunderschön! Für die Birne des Elektrostabes musst du nur noch einen Schlitz in den Deckel schneiden. Und jetzt kannst du mit deiner ganz eigenen Laterne beim Martinszug mitmachen!

Vorbereitung

Zuerst schneidest du in den Deckel des Joghurtbechers einen großen Kreis. Dann wickelst du die Lampenschirmfolie um den Joghurtbecher und schneidest sie passend zurecht. In die Seiten des Joghurtbechers schneidest du 4–5 kleine Dreiecke und das Transparentpapier schneidest du in Stücke – so dass diese etwas größer als alle eingeschnittenen Löcher sind. So kannst du sie später an der Innenseite des Joghurtbechers anbringen.

So wird's gemacht

Kleckse die Fingerfarben auf den Teller – am besten nimmst du nicht mehr als 2–3 Farben. Dann trägst du die Farben mit dem Finger auf, ganz nach deinem Geschmack, entweder einfach schön bunt oder ein tolles Muster.

Knolle, der Schneemann

Trübe Farben und schlechte Laune kennt dieser Schneemann nicht. Knolle liebt es bunt und genießt jeden Wintersonnenstrahl! Bleib aber nicht zu lange in der Sonne, Knolle!

Das brauchst du

- 2 Bogen festes Papier oder Pappe
- farbigen Fotokarton für Hut und Knöpfe
- leeren Joghurtbecher
- Fingerfarbe in Weiß
- Teller
- Krepppapierstreifen oder Stoffstreifen
- Korken oder Schwamm
- Klebestift
- doppelseitiges Klebeband

Vorlagen auf Seite 60 und 61

Vorbereitung

Übertrage den Schneemannkörper auf das Papier und schneide ihn aus. Knolle hat eine besonders schöne Nase, für die du ein Loch in den Karton schneiden musst. Am besten benutzt du den Joghurtbecher als Schablone für die Nase. Auf der Rückseite bringst du doppelseitiges Klebeband an. Übertrage den Hut nach der Vorlage auf den Fotokarton und schneide ihn, die Knöpfe (in Wunschgröße) und seinen Mund und die Augen aus.

So wird's gemacht

Kleckse die weiße Fingerfarbe auf den Teller und drücke den Korken in die Farbe. Damit Knolle schön weiß und eisig aussieht, bestempelst du mit der weißen Farbe den Schneemann. Den Joghurtbecher drückst du von hinten durch das ausgeschnittene Loch für die Nase. Was braucht ein richtiger Schneemann noch? Genau! Knöpfe, Augen und Mund! Die klebst du Knolle mit dem Klebestift an und verschönerst ihn auch noch mit einem Hut und einem Schal, den du ihm aus dem Rest des Krepppapiers umbindest. Zum Schluss befestigst du Knolle mit doppelseitigem Klebeband auf dem zweiten Karton – so bleibt seine Nase am richtigen Platz!

TIPP
Mit etwas Kunstschnee, Glitzerstreu oder Schneespray glitzert dein Schneemann!

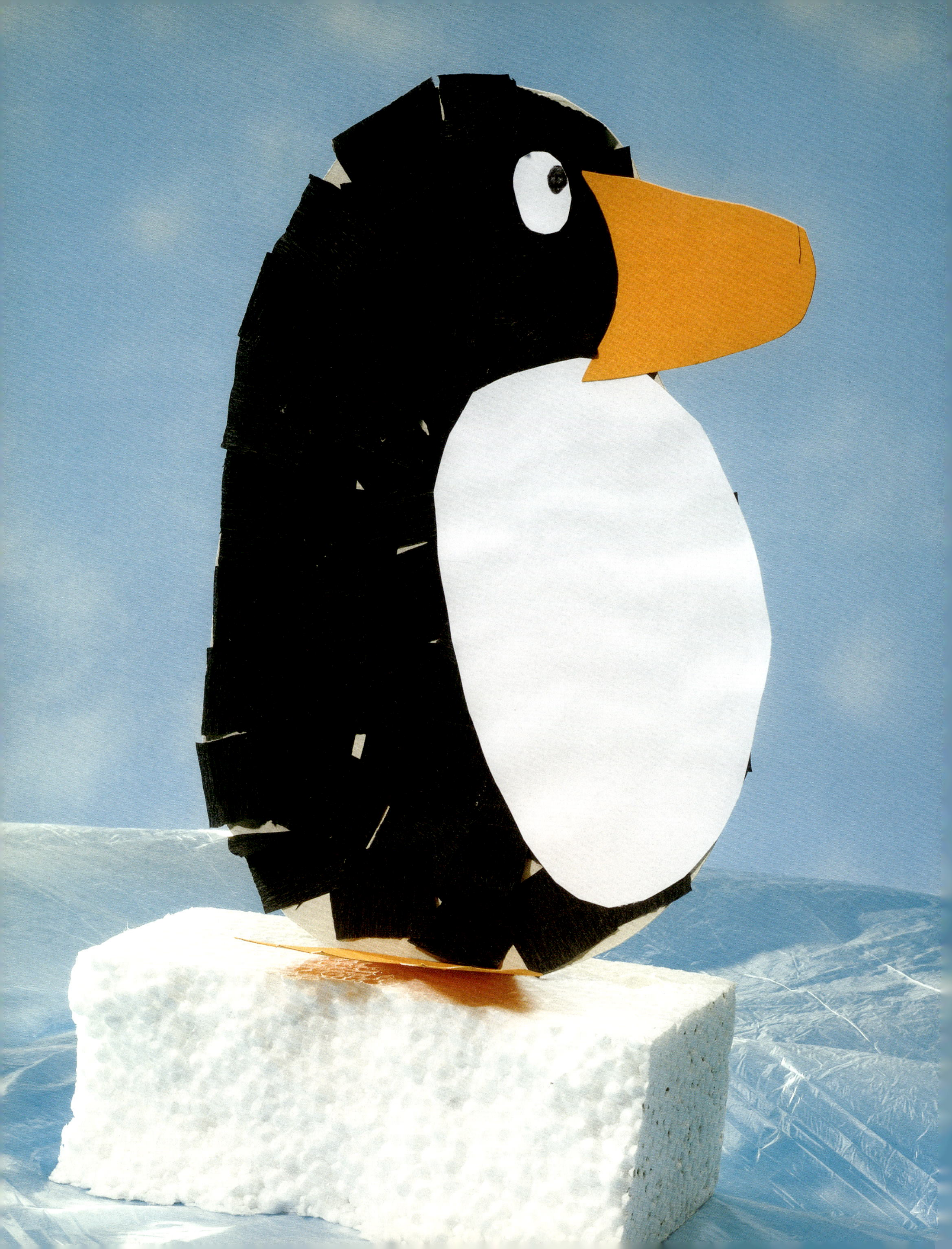

Winter 47

Paul Pinguin

Kennst du diese lustigen Vögel, die immer aussehen, als würden sie einen Frack tragen? Das sind Pinguine, die sich am wohlsten fühlen, wenn es ganz kalt ist. Und auf dieser Eisscholle bekommt Paul Pinguin bestimmt keine kalten Füße!

Das brauchst du

- feste Pappe
- Fotokarton in Weiß und Orange
- Styroporstück, 5 cm dick
- schwarzes Krepppapier
- Klebestift
- schwarzen Filzstift

Vorlagen auf Seite 62 und 63

Vorbereitung

Übertrage den Pinguin nach der Vorlage auf die Pappe und schneide ihn aus. Auf den orangefarbenen Fotokarton überträgst du seinen Schnabel und die Füße und schneidest ebenfalls beides aus. Das Gleiche machst du mit seinem Bauch und seinem Auge, die du auf den weißen Fotokarton überträgst und ausschneidest (beim Auge nicht vergessen, die Pupille zu malen!). Dann schneidest (oder reißt) du aus dem schwarzen Krepppapier noch kleine Würfel.

So wird's gemacht

Beklebe den Körper komplett mit Papierschnipseln, bis alles schwarz ist. Dann klebe mit dem Klebestift Bauch, Schnabel, Auge und Füße auf. Pass aber auf, das alles an die richtige Stelle kommt! Zuletzt schneidest du noch einen Schlitz in Pauls Eisscholle (also oben in das Styropor) und setzt deinen Pinguin mitten darauf.

TIPP
Besonders toll sieht es aus, wenn du eine ganze Pinguinkolonie aufstellst!

Sonne, Mond und Sterne

Die liebe Sonne scheint herunter auf die Erde und gibt dir Wärme, Licht und Schutz. Und wenn sie abends untergeht, dann kommen der gute Mond und die leuchtenden Sterne und erhellen dir die Nacht!

Das brauchst du

- Silber- oder Goldfaden
- Klebestift und Schere
- kleinen Schwamm
- Teller für Fingerfarbe
- breites Klebeband

Für die Sonne
- Stück Pappe oder festes Papier
- gelbe und orangefarbene Papierreste (z. B. Serviettenreste oder Krepppapier)

Für den Mond
- Tonkarton in Weiß
- Fingerfarbe in Weiß

Für den Stern
- Tonkarton in Schwarz oder Grau
- Glitzerverpackungen
- Alufolie
- Glitzerstreu

Vorlagen auf Seite 62

So wird's gemacht

Beginne mit dem Mond, damit dieser trocknen kann, während du weiterbastelst. Kleckse die weiße Fingerfarbe auf den Teller und drücke dann den Schwamm fest in die Farbe. Jetzt bringst du mit dem Schwamm die Farbe auf den Mond auf – so bekommt dein Mond eine ganz tolle Struktur! Wenn du willst, kannst du auch noch ein wenig Glitzerstreu auf die feuchte Farbe streuen. Dann lässt du den Mond erst mal trocknen.

Als Nächstes beklebst du den Sonnenkreis kreuz und quer mit den Papierstreifen, bis deine Sonne schön gelb leuchtet.

Zuletzt machst du noch einen richtigen Funkelstern. Wenn du viele verschiedene Silber- und Goldpapierreste verwendest, glitzert der Stern später ganz toll. Du willst es besonders glänzend? Dann träufle doch einfach etwas Kleber auf den Stern und streue noch Glitzerstreu darüber! Wenn alle drei Motive fertig sind, befestigst du auf der Rückseite mit breitem Klebeband den Gold- und Silberfaden zum Aufhängen.

Vorbereitung

Übertrage die Sonne nach der Vorlage auf die Pappe und schneide sie aus. Auf den Tonkarton überträgst du nach den Vorlagen den Mond und den Stern und schneidest beide ebenfalls aus. Für die Sonne schneidest (oder reißt) du zusätzlich noch die Papierreste in Streifen.

Tipp für Eltern und Erzieher
Bei dieser Bastelarbeit ist es wichtig, dass die Kinder die Motive ganz nach ihrem Geschmack bekleben – egal, ob am Ende viel oder wenig aufgeklebt wird!

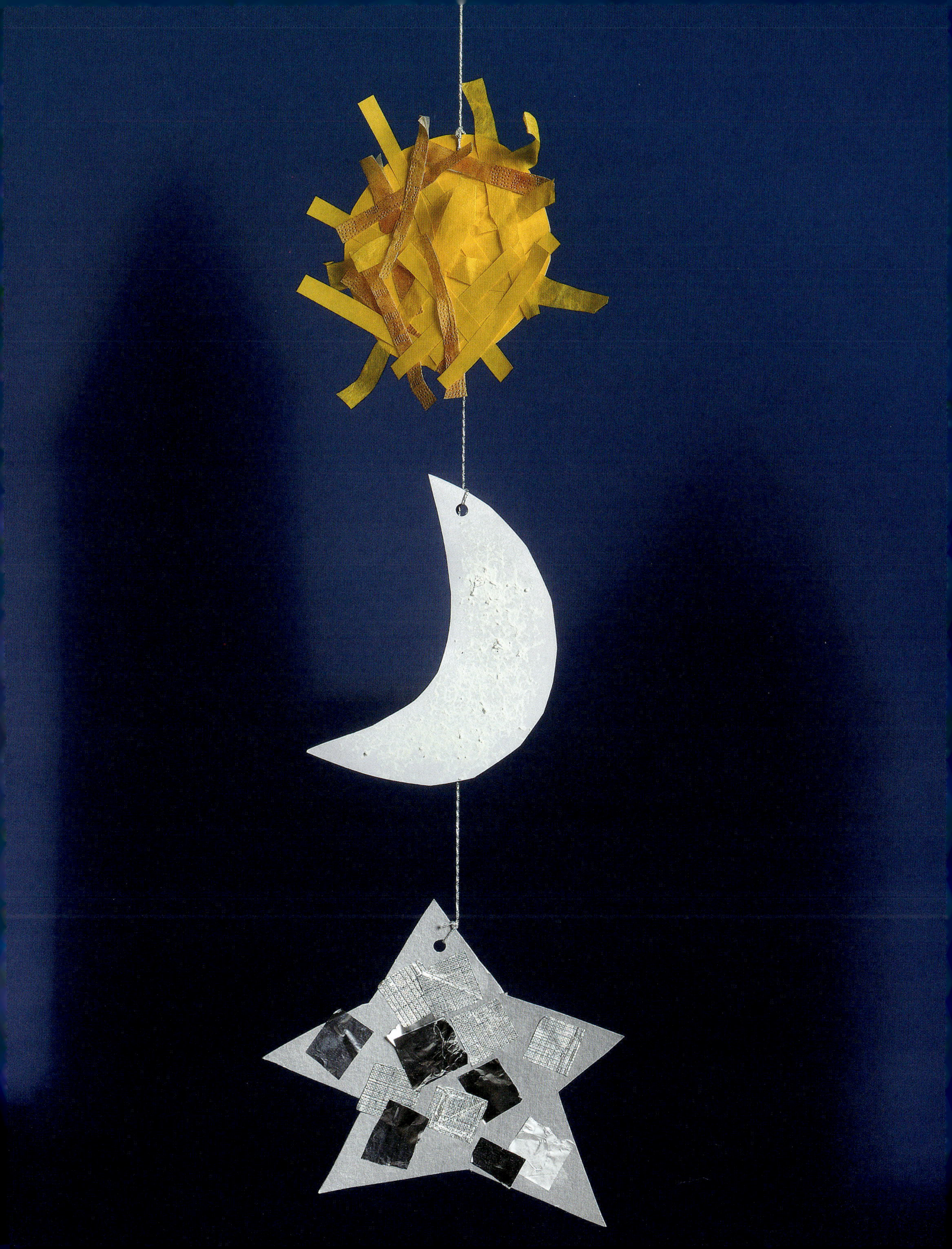

Schneeflocke

Ist das nicht schön, wenn vom Himmel wunderschöne Schneeflocken kommen, die dich an der Nase kitzeln? Jede Schneeflocke sieht anders aus und wenn es ganz viel schneit, kannst du endlich wieder Schlittenfahren gehen.

Das brauchst du

- feste Pappe
- weiße Fingerfarbe
- Faden zum Aufhängen
- kleine Stücke groben Schwamm (ca. 2 x 4 cm)
- Teller für Fingerfarbe
- Schere
- evtl. Glitzerstreu oder Kunstschnee

Vorlage auf Seite 63

TIPP Damit deine Schneeflocke schön glitzert, kannst du auf die noch feuchte Farbe etwas Kunstschnee oder Glitzerstreu streuen.

Vorbereitung

Übertrage die Schneeflocke nach der Vorlage auf die Pappe und schneide sie aus. Bohre mit der Schere vorsichtig ein Loch durch eine Ecke, so dass man die Schneeflocke später aufhängen kann.

So wird's gemacht

Kleckse die weiße Fingerfarbe auf den Teller und tupfe die Farbe mit dem Schwamm mit Klopfbewegungen auf die Schneeflocke. So entsteht eine einmalige und unregelmäßige Oberfläche. Beobachte doch mal Schneeflocken an der Fensterscheibe – jede sieht anders aus! Wenn deine Schneeflocke getrocknet ist, hängst du sie einfach mit dem Faden auf. Jetzt hast du eine Schneeflocke, die nicht im Warmen schmilzt!

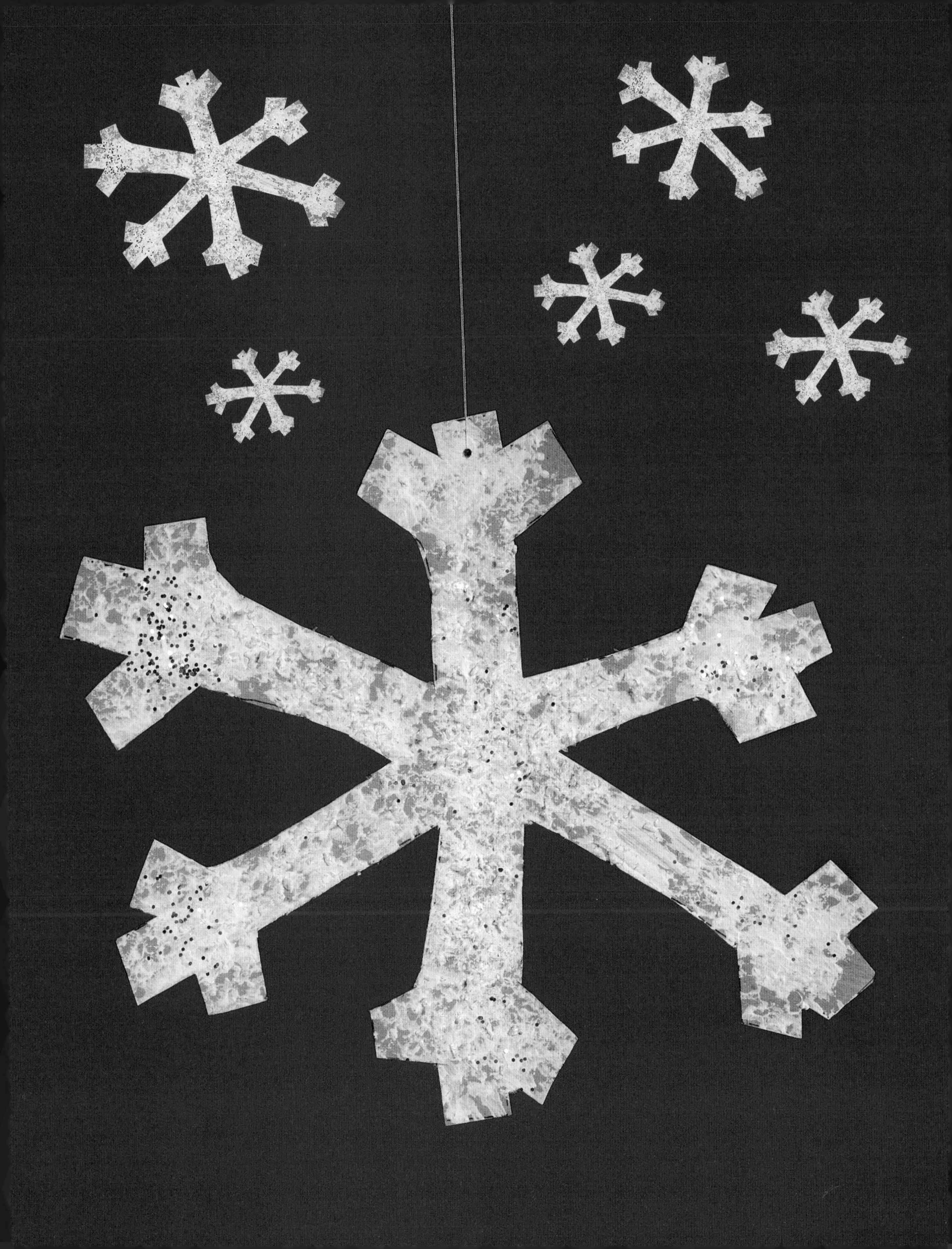

Adventsgesteck

Heute kannst du selbst ein Adventsgesteck machen. Für dich selbst oder für deine Mama: Vom kleinen Gärtner mit Liebe gemacht!

Das brauchst du

- Tontopf
- Steckmoos für Feuchtblumen (ca. zwei Minuten in Wasser einweichen)
- Tannenzweig, z.B. Kiefer, Nobelis, Zypresse (Bitte weiche Nadeln wählen, damit du dich nicht stichst.)
- roten Tonkarton
- Sterne, Glitzerstreu oder klein geschnittenes Lametta
- Blumenstab, 50–60 cm lang
- Klebeband
- doppelseitiges Klebeband
- Flüssigkleber
- Schüttelkiste
- Schere

Vorlage auf Seite 62

Vorbereitung

Schneide den Tannenzweig in handgroße Stücke und drücke das angefeuchtete Steckmoos in den Tontopf. Übertrage den Stern auf den Tonkarton und schneide ihn aus.

So wird's gemacht

Stecke die handgroßen Tannenstücke mit viel Kraft in das Steckmoos. Jetzt kommt wieder die Schüttelkiste. Wie das geht, weißt du ja schon!

Du befestigst den Stern mit dem doppelseitigen Klebeband in deiner Schüttelkiste und machst mit dem Flüssigkleber ein Muster oder Kleckse darauf. Dann streust du Glitzerstreu oder Lametta hinein, machst den Deckel zu und schüttelst ganz kräftig. Jetzt sieht dein Stern bestimmt toll aus! Deinen fertigen Stern befestigst du mit Klebeband an dem Stab und drückst diesen in das Steckmoos. Fertig ist dein Adventsgesteck!

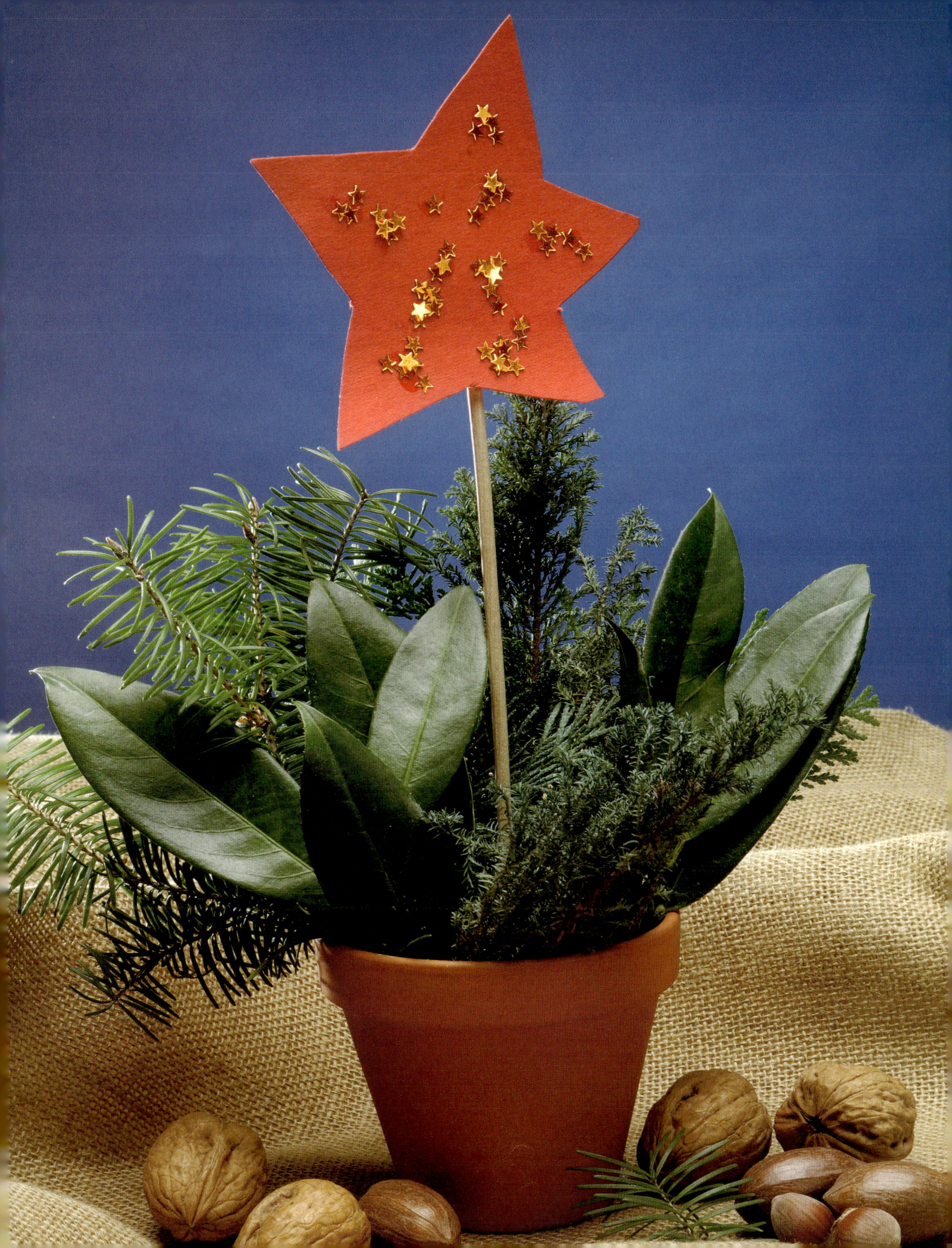

Weihnachtslicht

Bei Kerzenlicht schmecken Weihnachtsplätzchen gleich noch mal so gut! Und endlich darfst du selbst einmal versuchen, mit der Schere zu schneiden. Und der erste Schneideversuch verzaubert so schön!

Das brauchst du

- 1 Einmachglas
- Window-Color-Farben in Gold und Silber
- Schaumstoff-Verpackungsmaterial
- Drahtband in Gold oder Silber
- Kinderschere
- Sand
- Teelicht

TIPP Wenn du keinen Schaumstoff zur Verfügung hast, kannst du auch Seidenpapier oder dünne Servietten benutzen.

So wird's gemacht

Endlich darfst du selbst schneiden! Nimm dafür eine Kinderschere und schneide den Schaumstoff recht großzügig aus. Dann kannst du nach Lust und Laune mehrmals in den Schaumstoff schneiden, bis Zacken und Spitzen entstehen. Nun umwickelst du die untere Hälfte des Glases mit dem Schaumstoff und befestigst es mit dem Drahtband. Dann bemalst du dein Winterlicht noch ganz nach deinem Geschmack. Male mit den Farben Sterne, Punkte oder dein Lieblingsmuster auf das Glas auf und lasse die Farben trocknen. Wenn alles trocken ist, füllst du den Sand in das Glas ein (etwa so hoch wie den Schaumstoff) und setzt das Teelicht ein.

Funkelstern

Der kleine Funkelstern leuchtet nur für dich.
Wink ihm doch mal zu, dann freut er sich bestimmt!

Das brauchst du

- Karton von einer Verpackung
- gelbes Transparentpapier
- rotes Seiden- oder Krepppapier
- schwarzen Edding-Stift
- Klebestift
- evtl. Glitzerstreu

Vorlage auf Seite 63

Vorbereitung

Übertrage den Stern nach der Vorlage auf den Karton und schneide ihn aus. Das Transparentpapier schneidest du in kleine Vierecke.

So wird's gemacht

Zuerst klebst du das gelbe Transparentpapier so flächendeckend wie möglich mit dem Klebestift auf.

Am besten auch mehrere Lagen aufeinander, so dass es richtig dick wirkt. Dann knautschst du das rote Seiden- oder Krepppapier zu einer knolligen Nase und klebst es auf deinen Stern. Sieht die Knollennase nicht besonders lustig aus? Jetzt braucht dein Funkelstern noch Augen und Mund, die du mit dem Stift aufmalst.
Wenn du es besonders funkelnd magst, kannst du noch mal etwas Kleber auftragen und Glitzerstreu darüber streuen.

56 Vorlagen

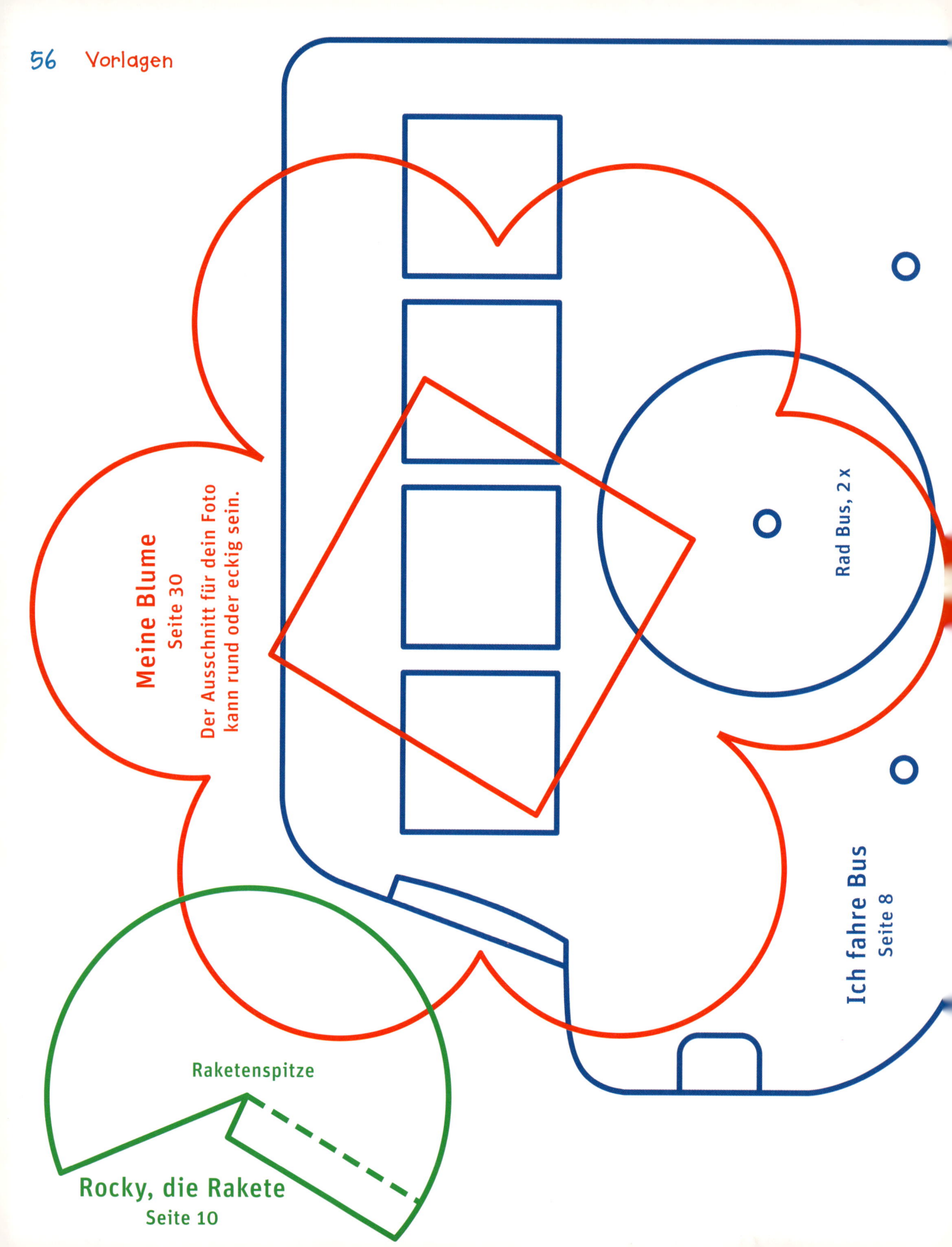

Meine Blume
Seite 30

Der Ausschnitt für dein Foto kann rund oder eckig sein.

Rad Bus, 2 x

Ich fahre Bus
Seite 8

Raketenspitze

Rocky, die Rakete
Seite 10

57

Daisy, die zwinkernde Blume
Seite 21

Alle meine Schafe
Seite 22

Schnitt

Hand

Kopf Schäfer

Arm

Gesicht Schaf

Zwergblume
Seite 25

Hand

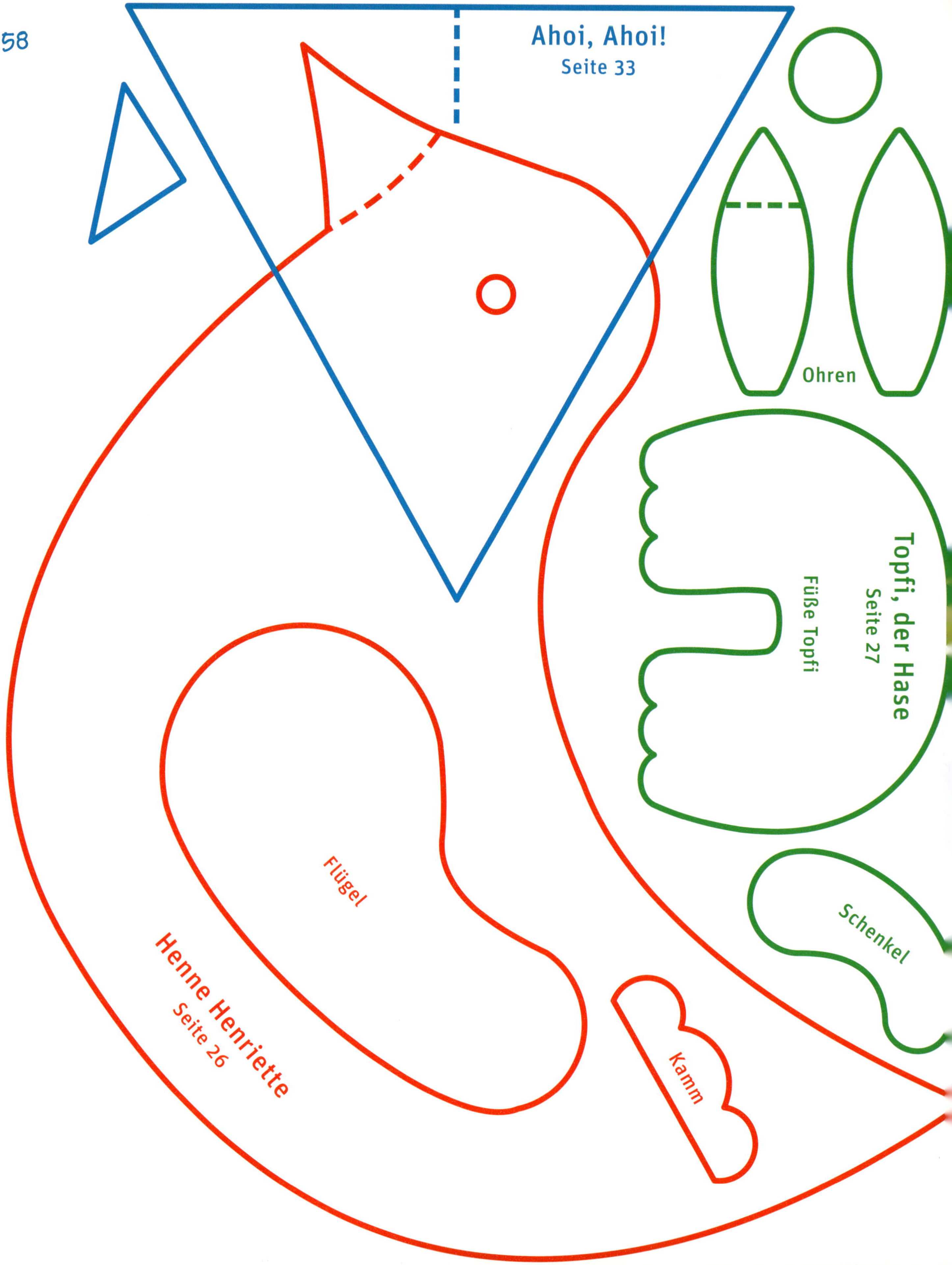

58

Ahoi, Ahoi!
Seite 33

Ohren

Topfi, der Hase
Seite 27

Füße Topfi

Flügel

Henne Henriette
Seite 26

Kamm

Schenkel

Fisch

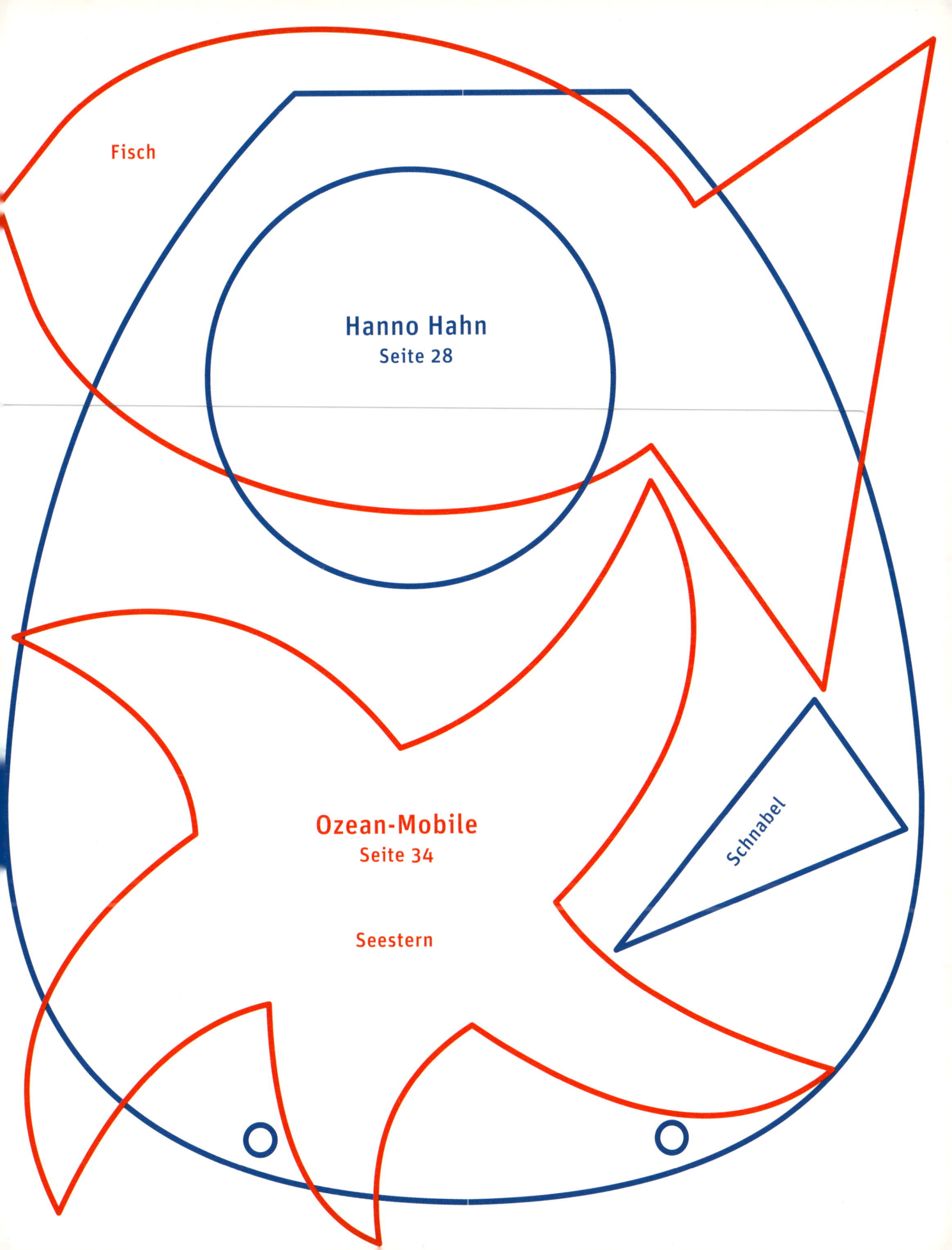

Hanno Hahn
Seite 28

Ozean-Mobile
Seite 34

Seestern

Schnabel

60

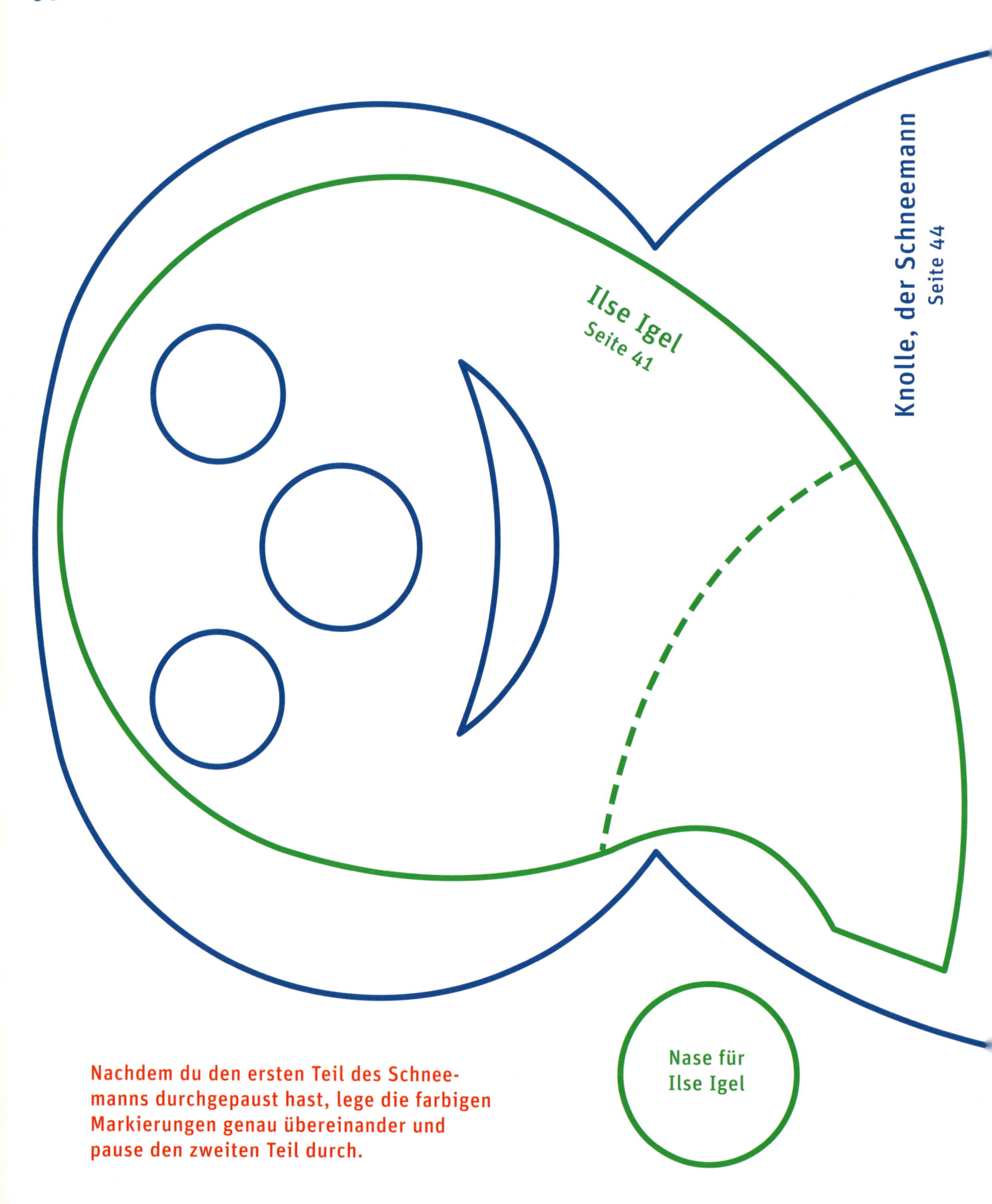

Ilse Igel
Seite 41

Knolle, der Schneemann
Seite 44

Nase für
Ilse Igel

Nachdem du den ersten Teil des Schneemanns durchgepaust hast, lege die farbigen Markierungen genau übereinander und pause den zweiten Teil durch.

61

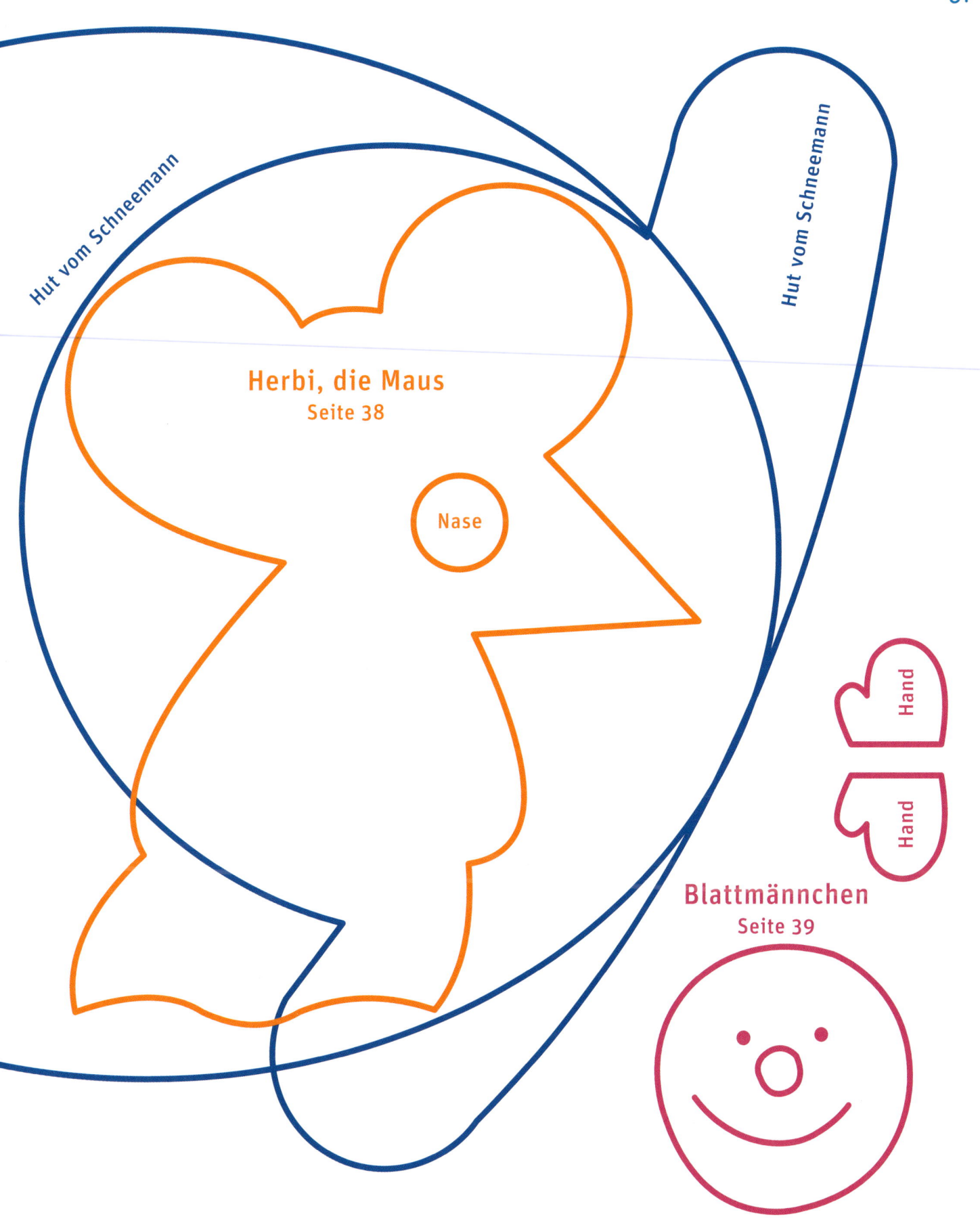

Hut vom Schneemann

Hut vom Schneemann

Herbi, die Maus
Seite 38

Nase

Hand

Hand

Blattmännchen
Seite 39

62

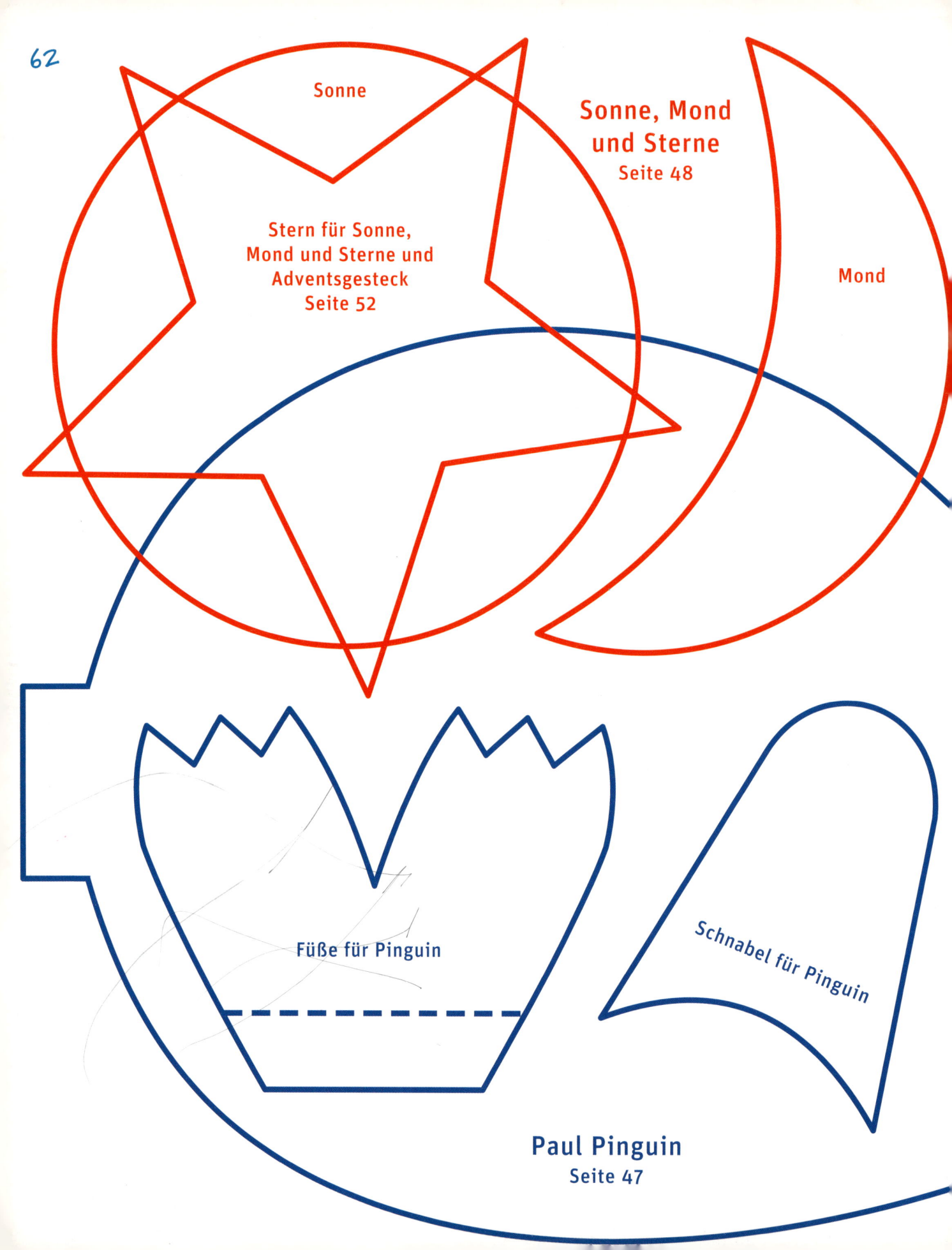

Sonne

Sonne, Mond und Sterne
Seite 48

Stern für Sonne, Mond und Sterne und Adventsgesteck
Seite 52

Mond

Füße für Pinguin

Schnabel für Pinguin

Paul Pinguin
Seite 47

Schneeflocke
Seite 50

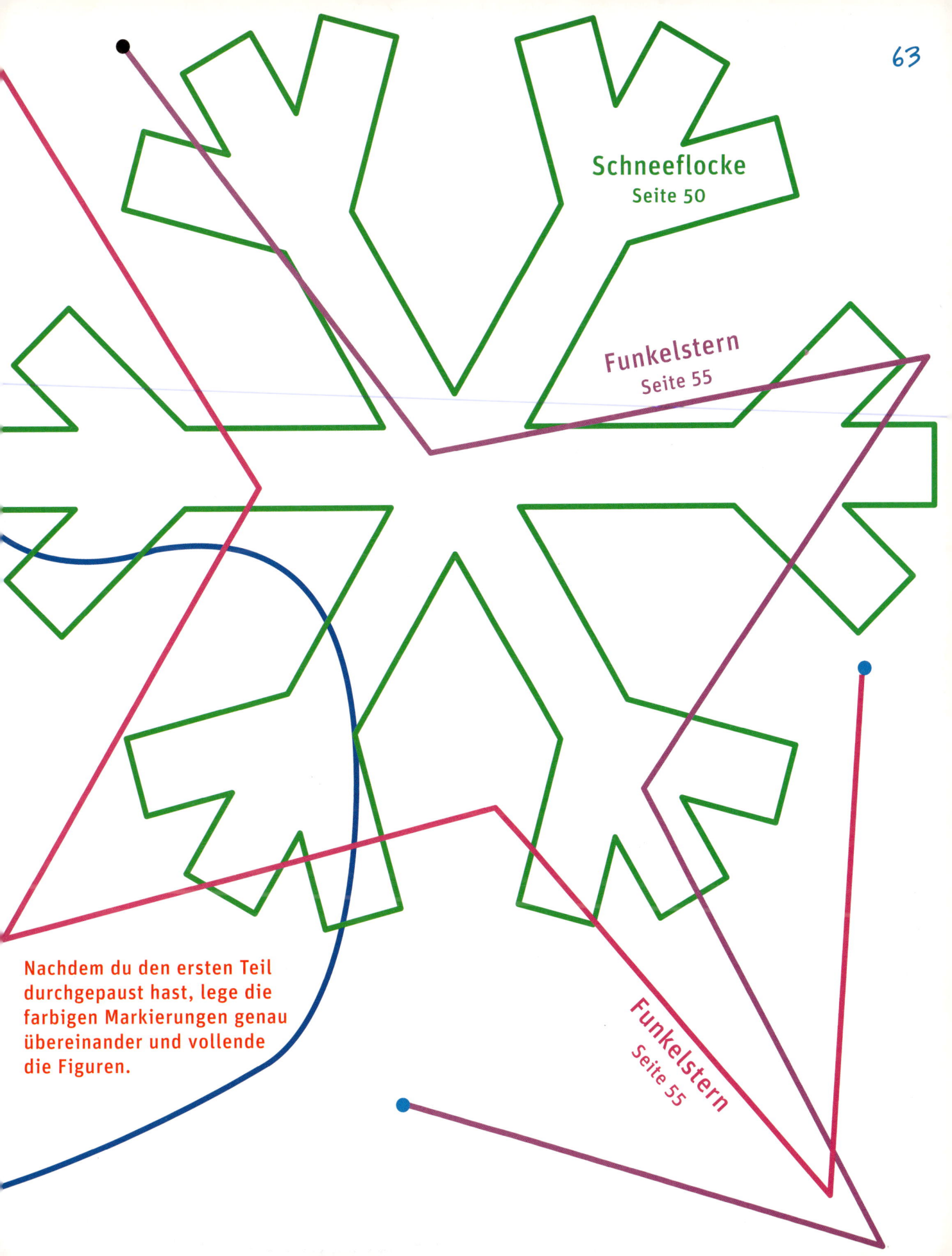

Funkelstern
Seite 55

Funkelstern
Seite 55

Nachdem du den ersten Teil durchgepaust hast, lege die farbigen Markierungen genau übereinander und vollende die Figuren.

63

Für Mum, Rebecca, meine Familie und alle,
die an mich geglaubt haben.
Lieben Dank auch an alle »Minis«.

Über die Autorin

Ann Engel-Truber ist Engländerin, die mittlerweile seit 25 Jahren in Deutschland lebt. Sie ist Mutter von vier Töchtern und ständig dabei, neue Bastelideen zu entwerfen und auszuprobieren. Im März 1994 gründete sie unter der Schirmherrschaft des Kinderschutzbundes die Spielgruppe »Mini-Floh« in Groß-Gerau. Die Gruppe umfasst zehn Kleinkinder im Alter von 1 1/2 bis 3 Jahren und zwei Betreuer und trifft sich zweimal wöchentlich zum Basteln und Spielen.

Impressum

Bibliografische Information Der Deutschen Bibliothek
Die Deutsche Bibliothek verzeichnet diese Publikation in der Deutschen Nationalbibliografie; detaillierte bibliografische Daten sind im Internet über http://dnb.ddb.de abrufbar.

Das Werk einschließlich aller seiner Teile ist urheberrechtlich geschützt. Jede Verwertung außerhalb des Urhebergesetzes ist ohne Zustimmung des Verlages unzulässig und strafbar. Das gilt insbesondere für Vervielfältigungen, Übersetzungen, Mikroverfilmungen und die Einspeicherung in elektronischen Systemen. Es ist deshalb nicht gestattet, Abbildungen dieses Buches zu scannen, in PCs oder auf CDs zu speichern oder in PCs/Computern zu verändern oder einzeln und zusammen mit anderen Bildvorlagen zu manipulieren, es sei denn mit schriftlicher Genehmigung des Verlages.

Die im Buch veröffentlichten Ratschläge wurden von Verfasserin und Verlag sorgfältig erarbeitet und geprüft. Eine Garantie kann dennoch nicht übernommen werden. Ebenso ist die Haftung der Verfasserin bzw. des Verlages und seiner Beauftragten für Personen-, Sach- und Vermögensschäden ausgeschlossen.

Jede gewerbliche Nutzung der Arbeiten und Entwürfe ist nur mit Genehmigung von Verfasserin und Verlag gestattet.

© 2006 Knaur Ratgeber Verlage
Ein Unternehmen der Droemerschen Verlagsanstalt
Th. Knaur Nachf. GmbH & Co. KG, München

Projektleitung: Sabine Scheurer
Fotografie: Klaus Lipa, Diedorf bei Augsburg
Umschlagkonzeption: ZERO Werbeagentur, München
Umschlaglayout: Daniela Meyer
Satz und Layout: Gaby Herbrecht, Mindelheim
Herstellung: Hartmut Czauderna
Reproduktion: Repro Ludwig, Zell am See
Druck und Bindung: Appl, Wemding

ISBN-13: 978-3-426-64294-8
ISBN-10: 3-426-64294-8

Printed in Germany

5   4   3   2   1

Bitte besuchen Sie uns im Internet:
www.knaur-kreativ.de